U0118622

心智圖寫作秘典

作者
梁容菁 南崁高中國文教師
孫易新 華人心智圖法大師

推薦序—①

學習，讓創意看得見

高栢鈴
新北市立板橋高級中學校長

心智圖，係透過圖示法或圖形組合法的使用，可以清晰綜覽訊息及其內容面的關係，利用圖解方式幫助學習者構思規劃，說明自己的觀點或做為討論的工具。運用在學生寫作的技巧上，是容菁老師擔任國文老師教學的心得結晶之作，如今看到大作能付梓發行，提供教學使用，可說是教師學生之福。

容菁老師於二〇〇九年八月至板橋高中服務擔任國文科教學，去年因家庭之故返回桃園任教，在板橋高中任職期間，積極任事創新研發教案，先後參與輔委會規劃的孫易新老師心智圖法教師專業成長研習，利用暑假參加心智圖進階營隊進修精熟心智圖法，並應用於教學課程上。

她和同科的玫芳老師都是板中PBL（problem-based learning）種子教師，PBL的宗旨就是希望學生透過簡單的生活實例，藉由小組討論方式，達到自主學習的成效。兩位教師以PBL為主軸，搭配心智圖六頂思考帽，讓高一生的「研究法概論」課程脫胎換骨，師生經過近一學期的討論，研發製成教案〈我，就是這世界最需要的改變〉，獲得「台灣微軟教師創意競賽」優勝，並在二〇一五年代表台灣參加於美國西雅圖舉行的「全球微軟教育論壇暨創意教師競賽」總決賽。

過去幾年的國中基測，或是現在的國中會考，乃至大學學測、指考，寫作都佔了重要成績比例，為了提升學生寫作能力，容菁老師依自身國文科教學經驗，利用心智圖法協助學生掌握寫作技巧，此書的推出不啻師生一大福音。

如何應用心智圖寫出好文章？從認識心智圖法的基礎概念，至進階運用擴張廣度與深度的水平、垂直思考，以及六頂思考帽的操作方式，在這本書中均有詳細解說。對於文章寫作結構，立意取材、辭采的技巧，容菁老師也一一舉例說明，並以板橋高中、南崁高中學生的寫作範例分享。只要能精讀本書，掌握心智圖法精髓，平日多加練習，相信必可寫出精采文章。

推薦序──②

用對方法，寫好作文

林光章
宜蘭縣玉田國小校長

在知識爆炸及3C分心年代，我們需要一套良善的方法，讓我們處事、學習更能專心、有效，此法就是心智圖法。

心智圖法，在我們學校是學生必學的方法之一，因為它能提升學生的創造力及系統思考能力。它是一套吸星大法，在讀完一篇文章或一本書時，能很快的捉住文章重點；在做報告時，以心智圖法整理文稿及簡報，可以讓聽眾快速且容易了解傳達的訊息。若能正確使用，它便是很棒的學習方法及創思工具，但很遺憾的，卻有許多人忽略了心智圖法的基本規則，讓它的功效大打折扣，而這些人不乏領域專家、各科老師，這樣的影響不容輕忽。

初學者，須學得正確方法，一日起步錯，若未及時修正，接著步步錯！本書在第一章就詳實說明心智圖法的基本規則，初學者應牢記；已在使用的人，則可依這些規則重新審視自己的心智圖是否用法正確。

寫作力！現代人該具備的重要能力之一。腸枯思竭、語意不順、亂無章法，有些人在寫作時常會出現這些問題，要寫出好文章並非一蹴可幾，需要平時多讀、多寫。該怎麼寫？孫老師與梁老師在書中介紹了使用心智圖法審題、設定平穩架構，在不知道要寫什麼時，使用心靈寫作激發靈感的技巧，並且透過六頂思考帽及五感提升思維能力與增進文字情感。若能學會這些技法，讓你不單單能寫出好作文，也能創作出富有文學意涵的文章。

筆者在學校有教學生如何使用心智圖法，也曾教導學生用心智圖法寫作文，現在有了這本書可參考，真是如虎添翼。其實心智圖法很簡單，但要善用卻不容易，記住規則與技巧，才能發揮它的功效；利用思考帽、心靈書寫，輔以心智圖法，要寫出好文章不難！想學好作文的學生，在學校教導寫作的老師，不可錯過此書。

蔡相德
板橋高中畢業生／現就讀中國醫藥大學藥學系二年級

我想，大多數國高中生都和以前的我有過相同的問題，認為自己的文章頭頭是道，然而考試的分數卻總是不如預期，我們都以為自己時運不濟，將己身比擬為古代名家，怨怪現代閱卷系統的僵化機器害慘了我們。

我們常私心認為：我的山水遊記寫景使人歷歷在目、刻畫維妙維肖，有如柳子厚再世；我的敘事文章清新自然、婉約含蓄，詞藻更是極度細膩，有如出自歐陽脩之手；我能道出細微的人物變化，描寫出蒼涼的體察與觀望，頗具張愛玲的風格。

直到高三，學到梁容菁老師教授的心智圖寫作，在用心鑽研與練習後，我才明白過去的寫作不過就只是一盤散沙。

以〈始得西山宴遊記〉為例，柳子厚先描述己身恐懼，並以寫西山景向上堆疊，最後臻至心凝神釋與萬化冥合的境界；以〈醉翁亭記〉為例，文忠公寫出四時景的婉約不做作，更以各種樂事推襯出與民同樂；以〈小團圓〉為例，張愛玲以細膩的筆觸、蒼涼的手勢，揮灑出其大半生戰亂離散、生老病死、愛恨痴嗔的故事，並用五彩筆記錄下她戲劇化的一生。

這三人皆有共通點：文章結構清晰、立論分明，能融合許多題材於一身，井然有序，使讀者毫無負擔。

我沒有三位大師的從容，立論技巧更是不及他們的萬分之一，難怪寫作成績總是毫無起色，但高三學習心智圖法後，我逐漸能夠有了立論的基礎，文章開始有了條理、有了脈絡，偶爾再加上詞藻的修飾，所得到的成果便能更上一層樓。這樣的思維式寫作宛若樹枝生根，扎扎實實地抓住每一寸土壤，完完整整地道出我所要表達的意境；以核心思想出發，不會有偏離主題的風險，便能環環相扣所學所識；以樹枝狀延伸素材，不僅能豐富多元思考，更能詳細排列寫作的順序及邏輯。

剛開始起手使用心智圖時，難免會有些不適應，但隨著時間智慧的積累，我逐漸能在短短數分鐘內列出架構，寫久了更能清楚估算寫作時間，如此一來便能更有效率地掌控時間分配，抑或是作答思考選擇題的題目。

若是大家願意給自己一個突破寫作技巧的機會，你會發現寫作沒有那麼難，彷彿行雲流水，不偏不倚，直搗高分！

徐鈺庭
板橋高中畢業生／現就讀宜蘭大學園藝學系三年級

我是一個想法經常天馬行空的人，每當看到作文題目時，總有許多想法，但是一動筆，文章卻常東缺一角西缺一塊，就像是大雜燴，即使材料用的是高檔貨，但混在一起煮，又沒掌握各種食材比例的結果，便是失去他們自己原有的味道，浪費了食材的特色。食物如此，作文亦然，更令人頭痛的是，作文測驗是有時間限制的，在學會以心智圖架構文章前，常常考試時間到了，我卻交出一篇只顧著鋪陳卻沒有結論的文章，那就像是要開飯了，但卻只能端出一盤連食材都沒熟的大雜燴，讓人感覺既懊惱又挫敗。

利用心智圖法寫作，給了我一個快速整理思緒的方法：先大致歸納好腦中的想法，畫出心智圖的同時，也能大概確認文章的結構、掌握文章的長度，還能避免虎頭蛇尾，或者太過離題。對我而言，心智圖並不是畫出來侷限自己的創作的，它的作用乃是在協助歸納。

雖然畫出自己腦中想法的大致結構，但在寫作過程中，思緒其實是沒有停止轉動的，當突然冒出一個想法時，我會立即補在心智圖上，讓題材更豐富；而當新想法雖然很不錯，卻和文章的走向不相符時，我也能馬上透過觀察心智圖發現，此時我便會提醒自己必須捨棄新的想法，避免文章出現牛頭不對馬嘴的現象。因此，對我來說，利用心智圖法來進行寫作測驗，是一種比較保險且有效率的方法。

不過，我認為利用心智圖法寫作，只是提供一個歸納、整理想法的方法，並不是使用心智圖法就一定會寫出文情並茂的文章。一篇好的文章，仍然需要透過閱讀多元的資料、用心的體會生活，藉此豐富自己大腦的資料庫，才能避免文章侷限於單一風格、千篇一律的現象。

姜伃庭
板橋高中三年級

其實心智圖本身並不會很難學，也不需要太過複雜的技巧，真正難的是如何熟練的運用它。

剛開始學會畫心智圖的時候，因為不習慣的關係，每次畫一張圖都要花很久的時間，會有種既麻煩又實用性不高的錯覺；但是在之後的課程中，我們時常會用心智圖來分析文章，也會交換各自畫的心智圖，參考別人的畫法，在這樣一次又一次不斷的練習中，我也漸漸感受到心智圖的好用之處。

心智圖最大的優點，就是抽絲剝繭，幫助整理思緒。像是分析他人文章時，畫一張心智圖便能輕鬆解決；自己在寫作的時候，事先畫好心智圖就能增加效率。上課給了我充足的機會練習畫心智圖，久而久之便熟能生巧，畫心智圖不再是一種包袱，而是成為一樣十分好用的工具。

現在，每當老師出作文功課時，我都會先畫一張心智圖，把要寫的東西在心智圖上整理出大綱再動筆，這樣做不僅在寫作時能夠比較順手，不會有寫到一半才卡住的情況，結構也會更加完整。其實心智圖的用途廣泛，不光是寫文章，在很多方面都能幫上忙，只要能夠熟悉並好好利用這樣工具，就能讓事情事半功倍。

心智圖寫作心得④

李哲柔
板橋高中三年級

在心智圖寫作的課程結束之後，除了文章寫作，我也嘗試著將它應用在我的報告撰寫上。雖然剛開始因為不是很習慣而花費較長的時間，但順著心智圖的邏輯練習一段時間之後，會有一種倒吃甘蔗的收穫，不僅撰寫時能變得更有組織、有邏輯性，也能激發brainstorming，因而使文章變得更豐富。

作者序——①

用心智圖彩繪人生

梁容菁

在學會心智圖沒有多久，喜歡嘗試新教學法的我立即現學現賣，讓即將面對大考的學生用心智圖練習文章仿作，原本心中有些忐忑，但成果卻出乎意料之外，用心練習的學生經過幾次鍛鍊後，紛紛在模擬考中脫穎而出，原被視為畏途的作文，反成了他們的自信來源，畢業後還有學生很開心的告訴我：「老師，妳一定要教學弟妹心智圖寫作，這招實在太好用了！」短短的一句話，卻給了我很大的動力和信心，在漫長的整理和書寫過程中，成了我很重要的力量來源。

當然，並不是每一個我教過心智圖寫作的學生，作文成績都突飛猛進，因為心智圖寫作必須經過反覆操練，才能內化成自己的能力，有些人或者跨不過那個練習的「檻」，或者對心智圖心存懷疑，或者因為其他種種原因，使得他們雖然知道原理，卻無法靈活運用。

此外，作文其實是綜合能力的展現，心智圖能夠協助的，主要是在主題掌握、邏輯統整、靈感觸發、文章架構、思考變換等層面，至於對生命的感受與體悟、文字的敏銳與權變、自身學養與修為等，無法僅透過思考、整理獲得的部分，就不是心智圖可以使得上力的了。心智圖提供的是方向、指南，能不能順利抵達彼岸，端看掌舵人的修為與智慧，所以，多閱讀、多嘗試、多觀察，讓自己的生命有一定的厚度，再輔以心智圖的思考模式，才能讓自己的文章有條不紊且文情並茂，這是學習心智圖寫作的人應該要了解的。

其實心智圖是個非常「自在」的輔佐工具，它可以被用來融合各家說法，也可以自由出入各種領域之中。在學習心智圖寫作時，如果能抱著「一法通萬法通」的輕鬆心理，你會發現：其實很多原理原則都似曾相識，只是自己從來都沒有想過可以這樣做；很多說法其實換個理解方式，不用心智圖來說也可以，只是心智圖讓想法更有邏輯、更利於統整、更便於理解與說明；而且很多領域都可以用心智圖來解釋，並不一定侷限於寫作。

這就是心智圖好玩的地方。它不專屬於某個領域，一旦熟悉它的法則，便很容易在各個層面做變化使用，所以，渴望提升寫作能力的讀者，若能夠熟悉並靈活運用此書的內容，除了作文能力之外，在其他領域的思考及表現，應該也會隨之變化及提升。

這本定稿其實是我寫的第三版，對我而言，寫書從來都不是件容易的事，感謝一路走來與我相遇的學生，他們不但是我在寫作過程中，持續在心中對話的對象，也是我將想法付諸行動時的最佳執行者。感謝板橋高中及小萃，讓我有機會遇見心智圖，開啟我生命的另一個視野。感謝支持我的家人及朋友，你們的信任與鼓勵讓我能夠安穩的走下去。感謝與我切磋琢磨的同事們，在與你們的對話中，我得到了好多靈感，也照見了自己的不足。感謝孫易新老師和商周出版的筱嵐、靖卉、淑華，以及在背後默默努力的夥伴，因為有大家的鼎力合作，這本書才能順利問世。感謝我最親愛的 上帝，因為相信其中自有祢的美意，所以我才能不失去信心。

最後，要感謝願意閱讀這本書的你，希望這本書，能夠為你帶來一些想法與助益，這將是寫作者最大的榮幸。

作者序──②

閱讀寫作的「方法」與「工具」

孫易新

二〇一五年七月十七日大考中心公布大學指考成績，國文與英文作文抱鴨蛋的人數是近四年來最高，作文題目「審己以度人」有七五〇人拿零分，是題目難倒考生，還是學生寫作的能力正逐年下滑？

國立政治大學副校長司徒達賢教授指出，國文是一項重要的學問，文字的運用對社會又極為關鍵。傳統教學主要方式是結合文藝欣賞、固有倫理觀念的傳承，以及寫作能力的培養。然而隨著時代的變遷，這種融合三個角色的教學模式，應視實際需求做出必要的調整，甚至分而治之，尤其是寫作能力，更應該加強它的教學方法與比重。

「心智圖法」（Mind Mapping）是一種提升大腦思考與學習能力的「方法」；「心智圖」（Mind Map）則是心智圖法最主要的「工具」。它將文字、線條、圖像、色彩，以放射性的思維結構，巧妙呈現在三六〇度的空間裡，讓想像力、聯想力自由奔放，結合過去經驗與當下的創意，開啟思考的無限可能。

心智圖法的樹狀結構與網狀脈絡，讓思緒的層次更為分明、更加結構化，也提升了邏輯與批判力；加上圖像、色彩的使用，更滋長了審美的素養與創意的激發。因此，心智圖法是一種在閱讀寫作時，有助於理解、分析、綜合、評鑑、創造的好方法，對記憶力提升也有相當大的幫助。特別是由學生自己透過繪製心智圖的過程，將內心的想法呈現出來，進行主動且有意義的學習，這對閱讀理解與寫作構思，都有意想不到的好效果。

本書能順利付梓，除了要感謝商周出版的支持與督促之外，特別要向容菁老師致敬。為了提高書的實用性，讓學生能夠真正受益，她在任教的板橋高中進行了兩年的行動教學實驗，認真的精神與務實的態度，令人激賞與動容。很高興參與這本書的編寫，也期待書出版後能讓大家更加了解心智圖法，提升寫作能力只是其一，還有更多妙用歡迎大家來挖掘。

Contents / 目錄

Contents / 目錄

Chapter.
1

啟動「心」視野
認識心智圖法

在正式讓心智圖成為寫作的重要「輔具」之前，首先，我們必須對心智圖法有基本的正確觀念。

「心智圖很簡單，就是想到什麼就畫什麼，每個人的心智地圖不同，畫出來的心智圖也不大相同。所以，不要管一大堆規則，只要自己能理解就好，別人看不懂或讀不懂別人的心智圖很正常。」這是不少人對心智圖的看法。事實上，這種概念似是而非。

因為，心智圖法（Mind Mapping）是一種方法，所謂「方法」就是解決問題的步驟或過程；心智圖（Mind Map）是一種工具，所謂「工具」就是解決問題的步驟或過程中所使用到的東西。

心智圖是一種兼具邏輯與創意的工具，雖說每個人所認知的重點、擁有的先備知識不盡相同，畫出來的心智圖可能不完全一樣，但對於重點的掌握應不至於相差太多。再說一張概念正確、邏輯清楚的心智圖，只要閱讀者對心智圖的基本原則，以及該張心智圖所要討論的中心主題有初步認知，應該就能大致讀懂繪製者要表達的重點及內容。一張只有繪製者自己才看得懂的心智圖，不是閱讀的人不懂心智圖法，就是繪製的人基本觀念錯誤。

建立正確的心智圖法觀念，不但有助於我們正確理解他人繪製的心智圖，同時也能強化我們邏輯思考的能力，而後者，是我們在寫作上必須具備的重要利器。

本章的主要目的，就是要培養讀者「閱讀」、「繪製」，甚至在腦海中「想」出一張心智圖的能力。

為了避免觀念的淆亂，本章分為「基本概念篇」和「進階運用篇」兩部分。「基本概念篇」介紹心智圖繪製原則；「進階運用篇」則說明心智圖可以如何活用。而無論是「基本概念篇」或「進階運用篇」，它們所介紹的內容都將緊扣後面會提到的寫作技巧，讀者可以在閱讀後面章節時，再翻回本章做概念的對照與釐清。

要特別提醒的是，這些概念雖然都是正確的「原則」，但俗話說「凡有規則必有例外」，當我們在繪製以便利或省時為前提的簡易心智圖時，只要不違背邏輯分類的大原則，部分小細節（例如插圖、美工、色彩變化等）是可以省略及隨情況彈性調整的。

準備好了嗎？接下來，就讓我們來開啟「心」門吧！

壹 基本概念篇

在基本概念篇裡，讀者將了解到包括中心主題與WIIFM原則、分類、主支幹、關鍵字、關連線等心智圖法的重要基礎概念。

讀完這一部分，讀者將具備閱讀及繪製心智圖的基本能力。

一、中心主題與WIIFM原則

所謂的中心主題（Central Image），就是整張心智圖所要表現的主題。如果以文章來說，它可能是題目，也可能是中心思想；如果以戲劇角色來比擬，那麼，中心主題扮演的就是主角。

中心主題既如此重要，在繪製上自然也就不可輕忽。中心主題的繪製要點有三：一、圖案不是隨性繪製，而是必須與主題有關；二、使用的顏色至少要有三種；三、若以A4白紙來說，中心主題的直徑大小約五公分。

之所以如此要求，是因為我們的腦袋是典型的「好色之徒」，若將顯眼的中心主題放在紙張中央，就能夠用色彩吸引腦的注意，有利於腦的思考；而大小適中的中心主題圖像，除了凸顯主題重要性，也能讓繪製者在思考時抓住問題核心關鍵，避免離題。

每一次的思考都由中心主題出發，就是在潛意識中不斷提醒自己：我現在做這件事的目的及動機是什麼？

至於「WIIFM」，則是「What's in it for me?」的縮寫，亦即：「它對我的意義是什麼？」這是在學習所有的事物及做任何抉擇時，必須學會時時自問的問題。因為，不同的意義會帶出不同的態度及決定，也會造成不同的取捨，在繪製心智圖前，先針對中心主題自問「WIIFM」，能夠幫助我們正確理解中心主題並決定此主題對繪製者的意義。

二、分類

分類，是心智圖概念中最重要的基礎能力，唯有具備清晰的分類概念，才能繪製出合乎邏輯、層次分明的心智圖。

分類有四個重點，第一個重點是最理想的類別數量是四到六組，最多不超過九組；另外兩個重點則是兩個八字要訣：一是「彼此互斥，絕不遺漏」，二是「同一位階，同一邏輯」；最後一個重點是「高頻優選」。

(1) 理想分類數：四到六組之間

為什麼分類時分成四到六組最理想？根據研究，人的短期記憶一次只能容納七加減二組的概念，意即在短期記憶的運作中，普通人一次只能記住五到九個物品、概念、數字等，而令人遺憾地，我們的短期記憶容量常常不是趨近九，而是趨近五。

因為這樣的原因，所以如果只有四到六類，記憶起來比較輕鬆，大腦也比較容易接受。也許有人會問：「那分成一、兩類不就最輕鬆好記？」這可就不一定了。如果東西很多，而我們只把它們分成兩類，就意謂著每一個類別之下都包含很多的東西，那會導致雖然記住類別名稱，但每個類別之下有哪些東西卻記不住的結果。如果這一大堆東西確實是先分成兩大類比較恰當，那麼在每一大類之下，就得再區分成幾個中類，甚至中類之下再分成幾小類。

當然，如果物品量很少，就不用這麼大費周章了，分類是在資訊龐雜需要整理的情況下才有必要。

(2) 彼此互斥，絕不遺漏

所謂的「彼此互斥」，是指當你將幾項物品歸納在某一類，並為此類別命名後，歸在其他類別的物品就不適合出現在這一類。例如：人、貓、狗、雞、蝦、魚，有些人可能會分成「人類」和「動物類」，但人也是動物，所以這個分類顯然有問題；如果分成「可食」和「不可食」，那也會有很大問題，因為有些人認為人、貓、狗是不可食的，但不可否認的，還是有所謂的食人族、吃貓吃狗的人存在；如果分成「水中生物」和「陸上生物」，可能就會好一些，畢竟在一般人認知中，蝦和魚生長在水中，而人、貓、狗、雞主要活動範圍則是在陸地上，所以，分類除了要符合目的性之外，要盡量以爭議性最少的方式為主。

至於「絕不遺漏」的概念則簡單多了，就是列出的類別必須要能含括所有的物品，注意在分類上不要使用「其他類」，因為「其他類」就等同於「沒分類」，在心智圖的分類概念上這是要盡量避免的。

因此，「彼此互斥，絕不遺漏」的概念，就是類與類之間，不能有重疊的概念，而且列出的類別必須要能含括所有的項目。

(3)同一位階，同一邏輯

所謂的「同一位階，同一邏輯」，就是在同一階層的類別，必須是相同的邏輯屬性。例如：蔬果類和動物類的「地位」相近，可以擺在同一階層上，「西瓜」和「動物類」的階層就不同，在分類時不能擺在同一階層上。如下方圖示。

從這張圖中可以看出：蔬果類和動物類屬同一位階的大類；鳥類、爬蟲類、哺乳類同屬動物類之下的小類；葉菜類、根莖類、瓜果類同屬蔬果類之下的小類；麻雀、綠繡眼同屬鳥類之下的項目；小白菜、空心菜同屬葉菜類之下的項目。處在同一位階的概念範疇，大抵上是差不多的，這就是所謂「同一位階，同一邏輯」的概念。但有時我們在製作心智圖時，會發現無法完全呼應這個要求，因為有些敘述方式本身就沒有按照位階、邏輯的概念去敘述，在這時，只要盡可能讓各主幹之間及各主幹之下的支幹，在可能的範圍內「同一邏輯」即可。

(4) 高頻優選

分類的方式沒有標準答案，除了符合上述三個原則之外，就是比較「高頻」率出現的分類方式，「優」先「選」擇。

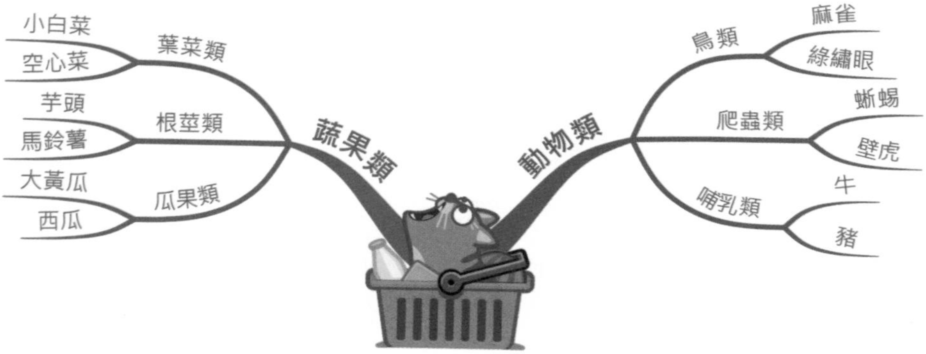

例如自我介紹常見的分類方式是「教育背景」、「興趣嗜好」、「家庭狀況」、「工作經驗」、「自我期許」等，活動計畫則是常以5W2H來分類構思各個事項。

三、主幹與支幹

繪製完中心主題後，我們就可以由中心主題出發，依據區分出的大類，開始畫心智圖。一般說來，連結中心主題的線條稱為主幹，線條上書寫出主要類別或概念；從主幹延伸出來的線條稱為支幹，線條上則書寫次要類別或概念；支幹之後可能再延伸出更多的支幹，形成層層相關的階層關係，如圖示。在心智圖當中，越上位階代表越抽象或越重要的概念，越下位階代表越具體的事項，重要性相對也沒那麼高。

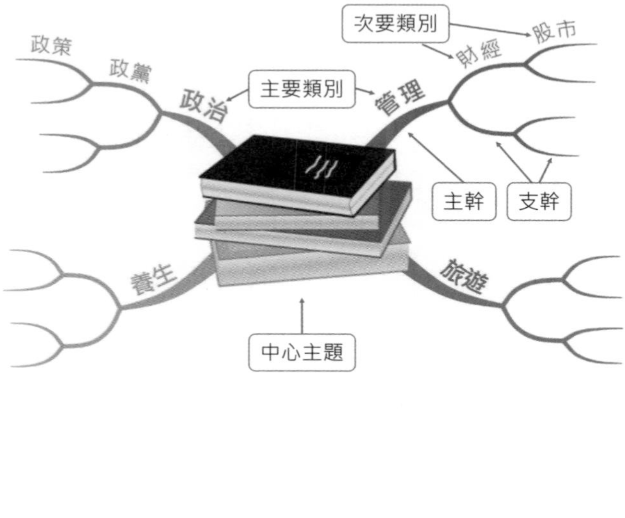

在畫主、支幹時，有幾個重點要注意：

(1)相鄰的兩個樹狀結構不同色，以利於區辨。

(2)主幹要由粗到細，如腦神經的形狀，以利於視覺上辨識出由中心主題延伸出的幾個主要概念。

(3) 線條必須彎曲柔和。太鋒利、直截的線條，大腦是不太喜歡的。

(4) 主幹繪製必須從中心主題出發，並且連在中心主題上，才不會有斷裂感。

(5) 同一個主幹延伸出的支幹，色彩皆和主幹相同，代表它們屬於同一大類。

(6) 主幹的繪製，原則上從右上方以順時針的方式開始畫，閱讀時亦是從右上方開始，但特殊情況則可彈性調整。

四、「線、字、圖」之間

心智圖除了圖案和線條外，多數時刻，在線條之上必須加上文字或插圖，才能賦予心智圖意義。手繪心智圖的線條、文字和插圖時，要注意以下幾個原則：

(1) 文字與線條顏色相同，所選擇顏色要能夠代表該類別的感受。

(2) 文字寫在線條上。

(3) 文字的書寫方向一律由左到右。

(4) 線條的長度與上方所要書寫的文字長度差不多。

(5) 特別重要的地方，可加上能夠與內容產生關連的插圖，以凸顯重點並強化印象。

(6) 每個線條上原則上只書寫一個關鍵詞，除非是章節名稱、專有名詞或不可分割的概念。

五、關鍵詞

所謂的關鍵詞，顧名思義，就是在文字敘述時，對閱聽者具有重要意義的文字。

掌握關鍵詞的基礎原則就是：「名詞為主，動詞次之，加上必要的其他語詞。」一張心智圖究竟要豐富或精簡到什麼程度？很多人都有這樣的疑惑。簡單來說，只要不影響文義，那些修飾詞、連接詞，甚至部分的名詞、動詞都可捨去。

指陳具體人事物或抽象概念的名詞，讓整篇文章得以被認知、被定義，是文章組成時不可或缺的要素；而動詞則使得靜態的名詞有了轉向、前進、變化的可能。因此，在關鍵詞的掌握上，首先要掌握的是名詞，接下來才是動詞。

至於其他的詞性呢？就如上所述，得視情況而定了。

在「線、字、圖之間」這個概念中的第六點，我們曾提到「每一個線條上只能有一個關鍵詞」，之所以必須如此，是因為在取捨關鍵字及其上下位階時，將使邏輯思考更縝密清晰，而且僅使用關鍵詞，也會使心智圖更簡單明瞭、更容易理解和記憶。因此，抓出關鍵詞能力的良窳，是能否畫出好的心智圖的重要「關鍵」。

六、樹狀結構，網狀脈絡

「樹狀結構，網狀脈絡」的概念，乃是前面所提到主幹與支幹概念的進一步延伸。所謂的樹狀結構，就是以中心主題為根源，所有的主、支幹由中心主題向外延伸出的結構；至於所謂的網狀脈絡，則是在不同樹狀結構中的概念之間有重複性或關連性，那麼就要用關連線來指出它們之間的關係。

檢視樹狀結構，我們可以清楚看出中心主題所要呈現的主要、次要觀點與細節內容；觀察網狀脈絡，則能讓我們找出各觀點之間的連結。樹狀結構和網狀脈絡的組成，可以釐清分類結構與因果關係，並強化心智圖中觀點與觀點之間的連結。

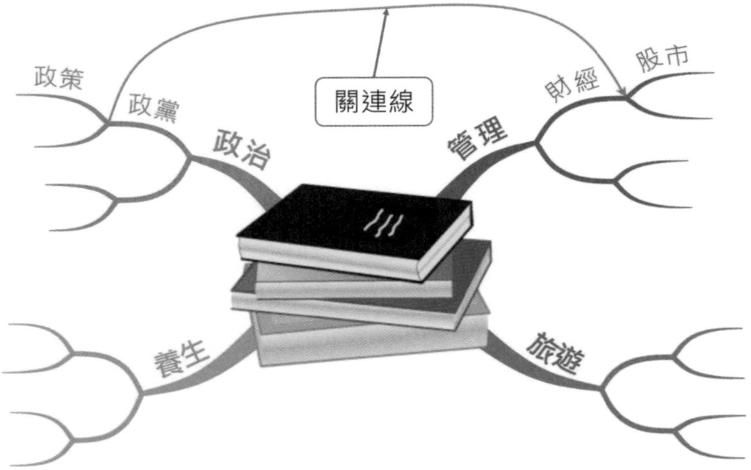

貳 進階運用篇

在進階運用篇裡，讀者將掌握活用心智圖法的概念，包括展開樹狀結構時，擴張廣度與深度兩種模式的水平思考（Lateral Thinking、Brain Bloom）與垂直思考（Vertical Thinking、Brain Flow）、對聯想內容是否設限的自由聯想與邏輯聯想、雙值分析（Dyadic），以及六頂思考帽的操作方式。

一、水平式的自由與邏輯聯想

讓思緒如花瓣般片片綻放，也就是我們一般說的水平思考，在心智圖法當中給的專有名詞叫做「Brain Bloom」。水平思考可以拓展思考廣度，使思考更具創造力。在進行水平思考時，所呈現的心智圖形式如下圖。

Brain Bloom的每一個聯想，都是從中心主題出發，所以雖然

是同一個主題，卻能夠發展出不同的思考向度，這也就是為什麼多運用水平思考能夠提升創造力的原因所在。

在運用上，**Brain Bloom**可以分成自由聯想和邏輯聯想兩種。所謂的自由聯想，就是從中心主題出發，想到什麼就寫什麼，只要和中心主題相關即可，不限制聯想性質和範圍；邏輯聯想也是由中心主題出發，但所想到的事物，除了與中心主題相關之外，彼此之間還必須同屬於一個邏輯之下。

什麼叫做「同屬於一個邏輯之下」呢？簡單來說，就是除了中心主題這個「先天條件」之外，邏輯聯想還會有一個「附加條件」。舉個例子，我們以「運動會」為中心主題，**Brain Bloom**的自由聯想只要和運動會有關即可，但邏輯聯想卻還要附加一個條件，如果附加條件是「比賽項目」，所有的聯想就必須與運動會的比賽項目有關；如果附加條件是「場地」，所有的聯想就必須與運動會的場地有關；如果附加條件是「舉辦」，那麼所有的聯想就必須與運動會的舉辦有關。

下面兩張圖就是以「運動會」為中心主題，分別進行自由與邏輯聯想的可能結果。

上圖的自由聯想，每個聯想雖然都和運動會有關，但彼此之間並無顯著關連；下圖的邏輯聯想，不但和中心主題相關，彼此之間也有密切的關係，同屬於「運動會比賽項目」的邏輯之下。

二、垂直式的自由與邏輯聯想

按照一定思維路徑所進行的思考方法，在心智圖法中的專有名詞叫做Brain Flow，一般稱為垂直思考。當思緒蜿蜒如流水，滑過之處便留下一條漫漫的思考軌跡，而繪製Brain Flow，便是試圖在軌跡溜過的瞬間，用文字留下記錄。它有助於我們層層推演，深入思考，也讓我們更能抓住事物的本質。

用心智圖進行垂直思考時，呈現的形式如下方圖示。

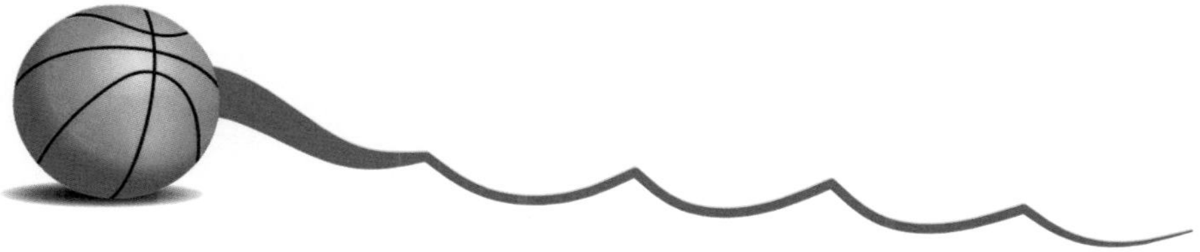

同樣的，Brain Flow也分成自由聯想和邏輯聯想兩種。

玩過成語接龍嗎？回想一下，成語接龍的遊戲規則，是不是要下一個成語的第一個字和上一個成語最後一個字音同或音近？例如：罄竹難書→書空咄咄→咄咄逼人→人云亦云……。

Brain Flow的自由聯想，原則和成語接龍異曲同工，但它更自由。不用成語、不限字數，由前一個事物所引發的任何聯想都可以接在這個事物之後，只要聯想者能說出前一個事物與下一個事物的關連即可。這樣的聯想，有助於創意和記憶。假設我們以「旅行」為中心主題，進行自由聯想，所得到的結果可能如上圖。

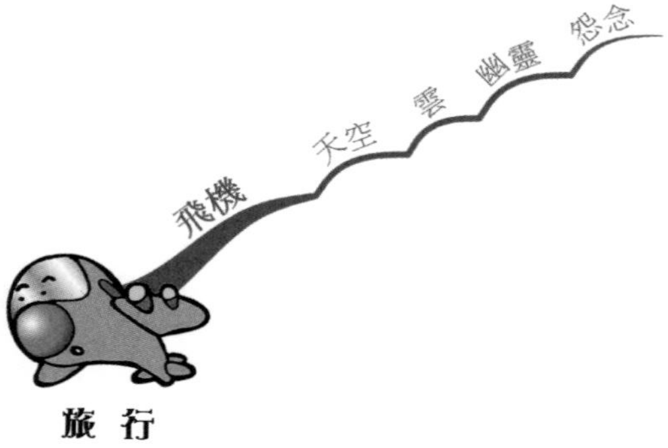

從旅行想到了搭乘飛機，從飛機想到了天空，從天空想到了在天上漂浮的雲朵，從雲朵的形狀想到了可怕的幽靈，從可怕的幽靈再想到那深埋的怨念。從這個例子可以看出：後一個事物聯想的引發都和前一個事物有關，但和再前一個事物已無關連，這種聯想方式，便是**Brain Flow**的自由聯想。

至於Brain Flow的邏輯聯想，則是抓住中心主題某一角度「窮追猛打」，直到它山窮水盡，讓背後的問題、價值、後果或意義無所遁形。換句話說，這樣的邏輯聯想，可以讓我們把鎖定的角度想得很徹底。

Brain Flow邏輯聯想的核心精神，就是「不斷回顧」，不但回顧前一個詞語，還要回顧第一階（主幹），也就是當初切入中心主題的角度。同時，聯想還要與中心主題相關，思考才能扣緊主題，層層深入。

如果同樣以「旅行」為中心主題，以「飛機」為切入的角度，**Brain Flow**的邏輯聯想延伸出的樣貌會和自由聯想大相逕庭。

從旅行想到了搭乘飛機，從搭乘飛機想到了應該要攜帶行李，搭飛機前行李要通過海關檢查，海關檢查出不得帶上飛機的違禁品，這個違禁品有可能使機上乘客被視為恐怖分子。邏輯聯想的思考不停前進，但路線始終對「飛機」不離不棄，而且仍然和中心主題「旅行」相關。

這種不偏離中心主題，聯想和第一階及前一個詞語環環相扣的思考方式，便是Brain Flow邏輯聯想的要訣。

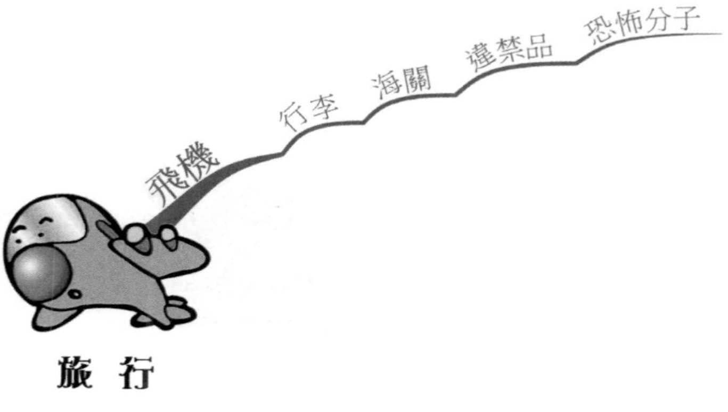

三、雙值分析

面對兩難情境，不知該如何抉擇時，雙值分析法是一種不錯的選擇，這種方法又稱富蘭克林分析法或理性分析成交法，在心智圖法中常以二元（Dyadic）分析法稱之。

Dyadic在心智圖上的操作方式，是將所面對的兩難情境，寫在中心主題的位置，接著右邊主幹寫上YES，指的是「如果這樣做」；左邊主幹寫上NO，指的則是「如果不這麼做」。寫完之後，接著一層一層進行優缺點分析，將所有自己最在乎的根源利弊通通羅列出來進行評比，透過優劣的比較取捨，得出最終結論。

舉個例子來說，假設今天有一個學生進了新學校後，發現志趣不合，很想要休學，卻又害怕休學衍生的種種問題，那麼他就可以用Dyadic來進行分析，得出來的結果可能如下圖。

根據下面這張心智圖，可以看出該生認為休學的優點主要有三點：可以找工作增加經濟收入，可以整天打電動沒有學校束縛，還可以不用讀書。缺點則是沒有學歷，可能導致工作機會減少，且失去了學習及和同學相處的機會。

至於不休學的優點也有三點：可以繼續學習，以學生身分說「我不會」或犯錯都是可以被包容原諒的，而且不用擔心錢的問題。缺點則是功課壓力大、考不好會被罵和生活很無聊。

將自己會在意的優缺點都寫下後，依在意程度給予一到五分的分數，越在意的事項分數越高，接著分別將YES的優點總

分減去缺點總分，NO的優點總分減去缺點總分，最後得分較高的那邊，可能就是目前較好的選擇。

Dyadic的最大用處在於訓練雙向思考能力，避免情緒性的直覺抉擇或人云亦云，善用Dyadic，可以增強思辨能力，避免偏於一隅；但它在使用上也有其限制，例如：可能在評估時考慮不夠周延，導致部分因素未被列入等等，所以，Dyadic所得出的結果，不是科學化的數據，只能做為決策的參考，不能當作唯一的標準。

四、六頂思考帽

六頂思考帽，是由英國著名的心理學家愛德華・狄波諾（Edward de Bono）所提出的一種水平思考模式。

什麼叫做「六頂思考帽」呢？簡單來說，就是設定六種代表不同思考方式的帽子，以顏色來區分思考方式。在思考、討論事情時，我們必須假設自己正戴上某種顏色的帽子，當戴上某種顏色的帽子時，我們就只能扮演那頂帽子所代表的角色。

這很像我們傳統角色扮演的遊戲，所不同的是，它只有六種角色，而且每種顏色所代表的思考方式是固定的。

這六種顏色分別是白色、紅色、黑色、黃色、綠色及藍色。

白色代表客觀、中立。當戴上白帽後，我們只能說出客觀的事實、數據，在搜集資料以汲取資訊時，必須戴上白帽。

紅色代表情緒、直覺。一旦戴上紅色帽子，我們允許情緒性的宣洩、批評，或無法以邏輯解釋的直覺。紅帽的目的，乃是為了讓隱藏在每個人觀看事物背後的情緒及價值觀有合理表達的機會，避免情緒因缺乏合理出口，在討論的過程中出來攪局。

黑帽代表負面、否定。但它的負面、否定，並非情緒性，而是針對事實，提出理性的批判質疑及評估風險。

黃帽代表樂觀、願景。戴上黃帽時，我們必須以正面的角度看待、評估事物，找出可行性及機會，即使是投機的想法，只要有可行性，都可以被提出。但它的樂觀、願景，後面必須有一定的邏輯，若成功的機率不

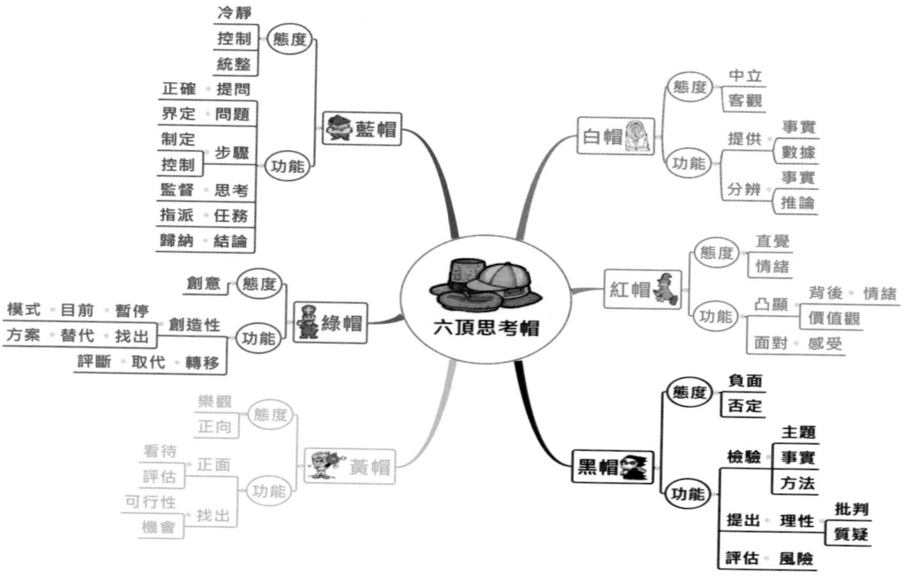

高，必須在方案後面註明是樂觀建議，否則就會掉入紅帽盲目樂觀的情緒陷阱。

綠帽代表創意思考。戴上綠帽時，我們藉由刺激，不斷轉移、跳脫慣常思考方式，試圖找出新的替代方案。此外，我們還可以在思考流暢無礙時來個「創造性暫停」，讓思考切入綠帽模式，試著思考若是不照目前的模式走，是否還有其他的可能。要特別注意的是，綠帽和黃帽不同，綠帽提出的方案強調轉移、創意，黃帽則是找尋方案的建設性和可行性。

藍帽代表控制、冷靜、統整。討論開始時，我們常用藍帽來制定步驟、界定問題、指派思考任務；在討論過程中，藍帽負責監督思考是否集中在焦點；結束時，我們則常用藍帽來統整前面的看法。

六頂思考帽出現的順序，可以視需求不同而調整，也可以反覆出現，更可以只出現某幾頂，但「面對新點子，黃帽應永遠先於黑帽登場[1]」。這種以問題為出發點，從各種角度探討可能性的思考方式，與心智圖從中心主題出發，進行整體性思考的概念相當類似，此方式常被運用在企業會議的創意開發及問題解決上。

---

❶ 愛德華・狄波諾（Edward de Bono）著，劉慧玉譯：《六頂思考帽》，臉譜，二〇一〇年六月，頁110

Chapter. 2

寫作，從審題開始

網路上曾經流傳一個搞笑漫畫：一個滿臉麻子的女子哀怨的說：「我會計軟體熟練，珠心算檢定都十段，結果這次比賽居然還是落選！」

另一個女子非常驚訝地問：「喔，是什麼比賽啊？」

女子忿忿地說：「選美比賽！」

看出問題所在了嗎？麻臉女子雖然非常有才能，可是，這些才能，在以外貌取勝的選美比賽中完全英雄無用武之地。

寫作也是如此，即使寫得再好，如果文不對題，就像有才華沒外表的女子參加選美比賽一樣，得到的結果絕對是提早出局的命運。所以，偏題是寫作大忌，也是寫作者最大的噩夢！

既然偏題的後果如此嚴重，審題的工夫也就顯得格外重要。在學習落筆行文之前，我們要先學會的，就是正確的審題方式。

如果觀察近年來的寫作測驗題型，你將會發現：目前寫作題型傾向引導寫作的方式。所謂的引導寫作，就是除了題目之外，還會加上一段說明文字。所以作文題一般可以分成「題目」和「說明」兩個部分。「題目」是整個行文架構的中心軸，而「說明」則可以協助寫作者更清楚題目作答方向，因此，正確理解題目固然重要，「說明」亦要細讀，才能朝對的書寫方向前進。

在這一章，我們將運用心智圖的關鍵詞及分類概念，練習抓住題目及說明的重點。

壹

正確理解題目的技巧

一、切割文字訊息

在提升審題能力的過程中，第一步要學會的就是切割文字訊息。所謂的切割文字訊息，就是將一連串的文字割裂開來，使資訊變成一個一個較易理解的小片段，方便判讀和掌握訊息。例如：「雨季的故事」（95年學測）可以切割成「雨季」和「故事」兩個訊息；「漂流木的獨白」（99年學測）可以切割成「漂流木」和「獨白」兩個訊息；「當一天的老師」（97年第一次基測）可以切割成「當」、「一天」、「老師」三個訊息；「常常，我想起那隻手」（98年第一次基測）可以切割成「常常」、「我」、「想起」、「那雙手」四個訊息。

接下來，請試著切割以下題目，找出它們各含幾個訊息：

❶專家（97年指考）

❷遠方（102年指考）
❸圓一個夢（103年指考）
❹通關密語（103年學測）
❺人間愉快（102年學測）
❻自勝者強（101年學測）
❼我可以終身奉行的一個字（101年指考）
❽面對未來，我應該具備的能力（103年會考）
❾我在成長中逐漸明白的一件事（100年第一次基測）
❿當我和別人意見不同的時候（100年第二次基測）

參考答案：

❶專家→「學有專精」的「大家」
❷遠、方→「遠處」的「地方」
❸圓、一個、夢→「圓成」「一個」「夢想」
❹通、關、密、語→「通過」「關卡」的「祕密」「語句」
❺人間、愉快→「人間」是「愉快」的

❻自勝者、強→「能夠勝過自己的人」是「很強大」的

❼我、可以、終身、奉行、一個、字

❽面對、未來、我、應該、具備、能力

❾我、成長中、逐漸、明白、一件、事

❿當、我、和、別人、意見、不同、時候

透過這樣的練習，讀者應能大致掌握文字切割的方式了。要注意，上面的答案並不是唯一的答案。像是「密語」，並不太會出現理解上的錯誤，有些人在切割時可能會直接把兩個字合稱一個詞來理解，這樣也是可以的。

其實，切割的概念類似於心智圖分類的概念，我們在第一章提過：如果物品數量不多，那麼不分類也可以。同樣的，並不是所有的題目都需要做訊息切割，某些比較短且詞義明確、不易誤讀的詞語，例如「專家」、「遠方」等，在正式作答時，不切割也沒有什麼關係。但若文字較長或訊息較多，還是建議做訊息切割的動作，因為人在判讀訊息的過程，如果不做切割的動作，很容易在書寫過程中遺漏部分重點，甚至有可能看得太快，完全誤解題目的意思。

在閱卷時，常有學生因為偏題，導致得分極低，事後懊惱不已的實例。這些學生當

中，不乏程度極佳者，如果因為偏題使得自己的努力成空，內心折磨程度肯定遠大於技不如人而出局者，所以，寧願多花一分鐘切割題目，也不要因小失大，使長久的積累付諸流水。

切割文字訊息，就像是切一塊大蛋糕，當蛋糕切成小片，我們才知道從何「啃」起，同樣的道理，當長串文字訊息被切割，閱讀者會更容易掌握文字重點。

此外，切割題目的文字訊息，事實上只需要短短的幾十秒，但這個動作卻讓答題者有了短暫停頓、冷靜思考的空間，所以學會切割文字訊息是很重要的。

學會切割文字訊息後，下一步要做的是學會將訊息歸類。

二、將訊息歸類

所謂的將訊息歸類，就是要練習自問「WIIFM」。在第一章我們曾提過，WIIFM就是「What's in it for me?」的意思，用心智圖的概念來說，就是要去思考文字背後隱藏的分類訊息是什麼。

以作文題目來說，最常被忽略的重要訊息有三種：

(1) 時間：未來、過去、一天、常常、一生、偶爾……。

(2) **數量：**一個、一件⋯⋯。

(3) **程度：**最、輕微、嚴重⋯⋯。

在審題中，導致偏題的原因除理解錯誤外，絕大部分都是沒有掌握住全部的文字訊息，而最容易漏掉的文字訊息，除了闡明數量、表述時間及程度的詞語外，還有一些放在說明裡比較細部的要求，例如一定要舉例、例子要涵蓋個人經驗等。

之所以會容易漏掉這類訊息，是因為這類詞語即使從題目或說明中抽走，對題目文義的影響通常也不會太大，所以寫作者常常在書寫過程中，就忘記了要注意這類限制。所以，在判讀題目時，這類訊息要特別小心。

將訊息分類後，接著就可以進一步思考各訊息間的彼此關連。

三、判讀文字主從、關連

判讀文字間的關係，就是在將文字訊息切割後，進一步找出誰是主角，誰是修飾、補充，甚至是限制主角範疇的「配角」。一般說來，主角常會是名詞，動詞則決定了名詞的動作，所以才會有「名詞為主，動詞次之」的說法。而找關鍵詞的方式，也多從找出句子中的名詞開始。

以前面提到的「雨季的故事」為例，顯然地，主角是「故事」，而「雨季」的作用則是用以補充說明故事發生的季節，所以，故事是主，雨季是輔，這個題目透露的兩個訊息是：你要寫一個「故事」，而且這個故事必須發生在「雨季」，符合這兩個條件才算切題。

再如「漂流木的獨白」，主要名詞是「獨白」，因為是獨白，不可能用對話方式呈現，而「漂流木」則限定了獨白的口吻是屬於誰的，所以寫作者在書寫時，必須用漂流木而非自己的語氣說話。

又如「當一天的老師」，這個題目的主要名詞是「老師」，「當」決定了書寫者必須扮演的角色為老師，「一天」則限定了角色扮演時間。

而「常常，我想起那雙手」的主要名詞則為「那雙手」，那雙手是由「我」「想起」的，「常常」則決定了想起的頻率，其他詞語都是給寫作者書寫「那雙手」時的附加條件，唯有條件全部符合，才算切題。

接下來，請試著找出前面已完成訊息切割的十個題目的主要名詞，並判斷文字間彼此關係。

參考答案：

❶專家→家，「專」修飾「家」

❷遠方→方，「遠」修飾「方」

❸圓一個夢→主要名詞是「夢」，「圓」是動作，「一個」則說明數量

❹通關密語→主要名詞是「語」，「通」是動作，「關」則承接「通」，「通關」及「密」一起輔助說明該言語的性質

❺人間愉快→「人間」是主要名詞，「愉快」則補充說明了處身人間應有的心情

❻自勝者強→「自勝者」是主要名詞，「強」則補充說明了自勝者的特質

❼我可以終身奉行的一個字→「字」是主要名詞，「一個」強調數量，「我可以終身奉行」則補充說明此字對「我」「終身」的影響力及決定性

❽面對未來，我應該具備的能力→「能力」是主要名詞，「我應該具備」說明能力的必要性，而「面對未來」則點名了時間及能力運用的情境

❾我在成長中逐漸明白的一件事→「事」是主要名詞，「一件」強調了數量，「成長中」、「逐漸」顯示時間的漸進性

❿當我和別人意見不同的時候→「時候」是主要名詞，「當我和別人意見不同」則說明這個時刻的狀況

必須補充說明的是，並不是所有的名詞都是主角，所以在面對較長的題目時，要注意彼此間的關係。找到主要名詞後，建議將它圈出來，以強化自我印象。此外，會影響文義理解的重要關鍵詞，也建議將它們另外圈出來。

貳

掌握「說明」文字的重點

目前文章寫作的命題趨勢朝向「附贈」說明文字，如果想要正確判讀題目，「說明」文字的掌握也是非常重要的。而因為說明文字比較長，對文字掌握能力較弱的人而言，「說明」有時不但沒有輔助的效果，反而造成閱讀理解上的壓力與排斥。

事實上，只要善用第一章所提到的心智圖「分類」技巧，將文字進行分類，必要時運用本章第壹部分提到的「切割文字訊息」及「找出文字關連」的原則，就能將一大段文字切割成幾個更容易理解的小段落，減輕閱讀時的壓力。

以下，針對說明文字的重點掌握技巧，分成幾點做說明：

一、先迅速略讀全文再做分類

在閱讀長串文字時，為了架構整體概念，建議先很快地略讀過全文，第二次時再來進行文字訊息分類和找出關鍵段落的動作。

二、特別注意帶有結束意味的標點符號

句號、問號及驚嘆號等可能帶有結束意味的標點符號，非常可能暗示著前一個話題已經結束，另一個主題即將開始，這些標點符號可以幫助我們更容易進行句子的分類。

三、在心中自問：WIIFM

閱讀每段句子時都要試著自問：「這段文字在說什麼？」這樣才會更容易找到文字的重點。而這個部分往往是初學者最感到痛苦和最容易放棄的關卡，因為這牽扯到主動思考及問題意識能力的培養，但只要鍛鍊一段時間之後，思考能力必定會大大提升。

四、為每個類別訂出小標題

若有現成的詞語，可以當作小標題直接使用，沒有的話就自己擬新的。這個標題的作用有點類似整段句子的重點歸納，當你能用簡短的詞語為這類文字「命名」時，就代表你掌握了這段文字的重點。（此動作非必要，但可以嘗試。）

五、找出「寫作方向指引」及「答題條件要求」

引導寫作的說明文字，主要用意是在引導寫作者思考，並且更明確地說明題目用意及答題條件，閱讀時只要能找出「寫作方向指引」及「答題條件要求」這兩個會影響答題方向的訊息，其他部分簡單看過即可。

要特別提醒的是，部分題目的「寫作方向指引」僅供參考，並未強制要求寫作者一定要朝這個方向書寫，但部分題目的指引卻有強制性，閱讀時要特別注意題目要求。

六、若時間允許，可將分類後的重要訊息畫成心智圖

由於心智圖可以讓所有訊息一目瞭然，所以如果時間許可，可以將分類後的訊息畫成心智圖：如果時間不允許，可以只繪出最重要的答題條件及寫作方向指引；真的完全沒有時間，就圈出提供這兩個重要訊息的相關文字並做編號，以避免遺漏重要訊息。

接下來，我們就以幾個大考試題為範例，練習拆解說明文字。以下提供的答案均為參考，讀者可以依據分類原則，試著找出不同的分類方式。

【範例一】面對未來，我應該具備的能力（103年國中教育會考）

【說明】

即將畢業的你，將邁入人生新的階段，遇到不同的挑戰。面對未來，你認為自己最應該具備的能力是什麼？也許是培養專業技術、發展多元思考；也許是觀察生活、了解周遭情勢；又或者是學習包容與體諒，積極與他人溝通……。這個能力可能是你此刻缺乏，也可能應該提前準備，以因應瞬息萬變的社會。**請寫出你面對未來時，應該具備的能力，並說明其中的理由**。

分類參考答案：

❶答題者現況分析：即將畢業的你，將邁入人生新的階段，遇到不同的挑戰。

❷藉提問點題：面對未來，你認為自己最應該具備的能力是什麼？

❸寫作方向指引：也許是⑴培養專業技術、⑵發展多元思考；也許是⑶觀察生活、⑷了解周遭情勢；又或者是⑸學習包容與體諒，⑹積極與他人溝通……。

❹答題內容揣想：這個能力可能是你此刻缺乏，也可能應該提前準備，以因應瞬息萬變的社會。

❺答題條件設定：請寫出⑴你面對未來時，應該具備的能力，並⑵說明其中的理由。

分類後，再將所有訊息繪製成心智圖。讀者應該可以發現：類別❶和❷只是要導入正題前的前言；❸和❹則是引導寫作者思考書寫的方向，並沒有強制性；真正非遵守不可的要件，其實是類別❺所設定的兩個答題條件。

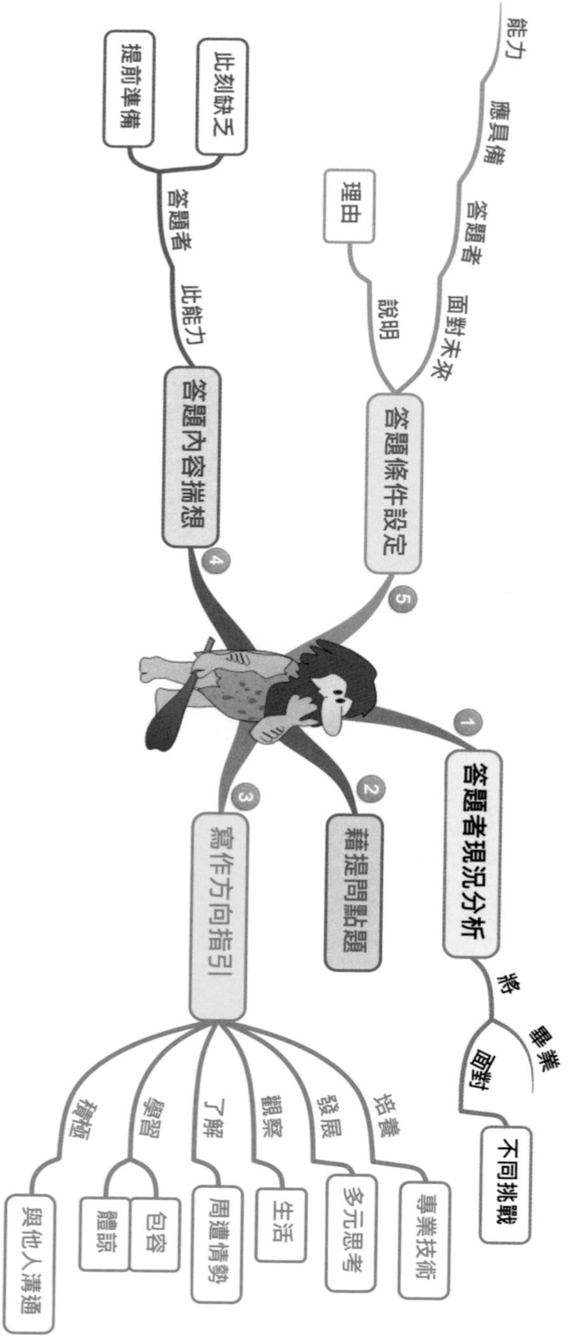

【範例二】圓一個夢（103年大學指考）

【說明】

夢，可以是憧憬、心願，也可以是抱負、理想，只要好好努力，夢境往往也會成真。如能推己及人，甚至還可以進一步幫別人圓夢。根據親身感受或所見所聞，以**「圓一個夢」**為題，寫一篇文章，論說、記敘、抒情皆可，字數不限。

分類參考答案：

❶「夢」的寫作方向指引：夢，可以是⑴憧憬、⑵心願，也可以是⑶抱負、⑷理想。

❷「圓夢」方式：只要好好努力，夢境往往也會成真。

❸「圓夢」寫作方向指引：如能推己及人，甚至還可以進一步幫別人圓夢。

❹答題條件設定：根據親身感受或所見所聞，以「圓一個夢」為題，寫一篇文章，論說、記敘、抒情皆可，字數不限。

進行分類後會發現，第❶跟❸點都是屬於寫作方向指引，所以在製作心智圖時就能將兩者合併為一類。

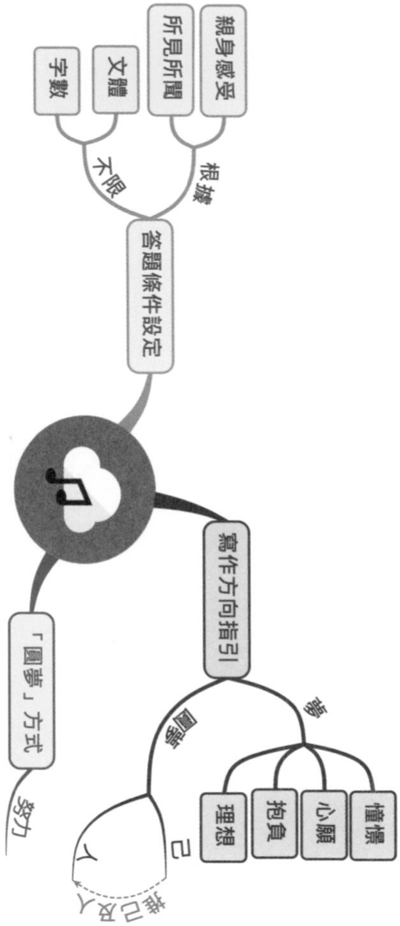

和範例一同樣的，範例二要特別注意的也是「答題條件設定」的部分，在這篇文章，除了要注意「圓一個夢」這個題目外，敘述中必須夾雜「親身感受」或「所見所聞」，才算是完全符合題目要求。

【範例三】通關密語（103年大學學測）

【說明】

阿里巴巴能打開石門，是因為他知道「芝麻開門」的密語；烹飪高手能征服大家的味蕾，是因為他練就一身功夫，抓到美味的訣竅；演員能成功詮釋某個角色，必然是因為他對人生的悲歡離合有深刻的領會。對於人生的考驗，你是否也有自己的「通關密語」？**請以「通關密語」為題**，寫下你找出「密語」而得以「通關」的過程，以及其中的體會。文長不限。

分類參考答案：

❶舉例：(1)阿里巴巴能打開石門，是因為他知道「芝麻開門」的密語；(2)烹飪高手能征服大家的味蕾，是因為他練就一身功夫，抓到美味的訣竅；(3)演員能成功詮釋某個角色，必然是因為他對人生的悲歡離合有深刻的領會。

❷藉提問點題：對於人生的考驗，你是否也有自己的「通關密語」？

❸答題條件設定：⑴請以「通關密語」為題，寫下⑵你找出「密語」而得以「通關」的過程，以及⑶其中的體會。⑷文長不限。

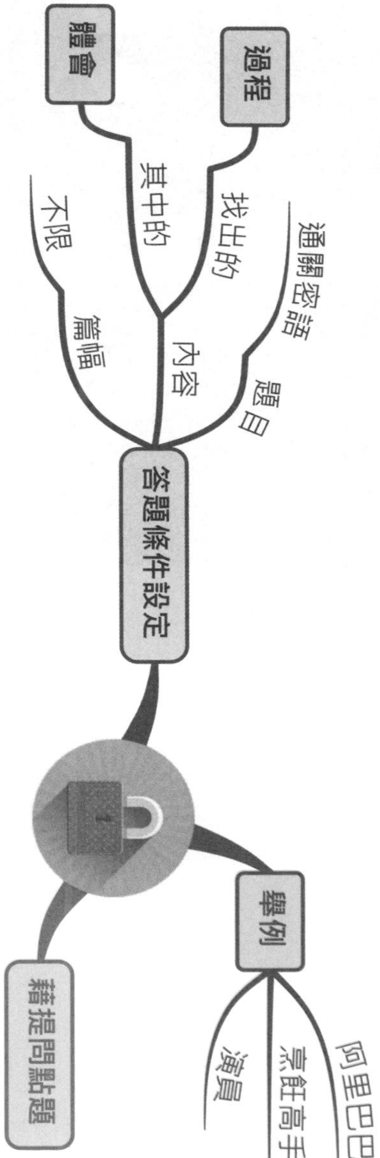

依據說明文字，在敘述當中，必要含括的是找出密語的「過程」及在過程中的「體會」，這樣才算符合題目要求。

其實，說明文字給的訊息都大同小異，試著多分析幾則引導寫作的說明文字，很快的，掌握訊息重點就會變得輕而易舉。

Chapter.
3

激發寫作靈感 決定寫作方向

寫作者在書寫當下，最常遇到的困境就是「不知道要寫什麼」，所以在這一章中，我們要談的主題是如何激發寫作靈感，並且在靈感激盪之後，還能靜下心來決定要使用哪一個寫作題材。

本章將分成四個主題介紹：

第一個主題是「讓心靈自由」，在這個主題中，我們著眼於平日書寫習慣的養成、下筆前心態的調整，以及自我接納的部分。

第二個主題是「傾聽心靈的聲音」，在這個部分，我們會將重點放在寫作者如何在情感上與題目產生連結的練習。

第三個主題則是「打造創意 Slogan」，此部分著重討論標語、主題的創意發想方法介紹。因為並不一定只有成篇的文章才稱為寫作，精準的標語、充滿新意的短句，也是寫作的精采展演，所以這個部分的重點將擺在如何運用心智圖拼湊出嶄亮的詞語。

第四個主題是「設置掛鉤練習」，這一部分的重心放在「思考掛鉤」的建立。因為畢竟不是每一個主題都能讓人有表達的慾望，在一籌莫展的時刻，拋幾個思考的「餌」將有助於拉牽漫散的思緒，所以此部分的敘述將會以介紹幾個好用掛鉤為主軸。

在這一章，運用的心智圖概念將有WIIFM、Brain Bloom（水平思考）及Brain Flow（垂直思考）。

壹

讓心靈自由

在這個部分，我們要討論的是如何找到自己書寫的動能及接納自我，一旦能做到這兩點，書寫將變得更容易。

一、找到書寫的動能

找到書寫的動能，就是想辦法找到自己「非寫不可」的動機。能夠觸發每個人提起筆的動能不同，需要多方去嘗試，而踏出嘗試的第一步，就是要先學會告訴自己：「寫」並不是件什麼了不起的事。

不要苛求完美，也不要一邊寫一邊批判自己，那會讓起步變得容易。

找到書寫動能的方式，可以參考或模仿別人使用過的方式，也可以回過頭來觀察自己：什麼時候會忍不住想要把事情寫下來。這是一個探索的過程，可能需要一段時間。

以筆者自身的經驗為例，為了養成書寫的習慣，小時候筆者曾「規定」自己要每天寫日記，可是，筆者是個急性子又沒耐性的人，想到每天都要寫就覺得好煩，而且一旦中斷，就出現因自責缺乏毅力而衍生的罪惡感，最後乾脆全盤放棄。

後來，筆者又試著要求自己每讀完一本書就要寫一些簡單的心得或筆記，可是在執行的過程中，發現這樣好有壓力，連閱讀的樂趣都被剝奪了，所以就只對特別有感覺的作品做簡單而隨性的書寫記錄。再後來，因為很喜歡茱莉亞・卡麥隆《創作，是心靈療癒的旅程》這本書，曾經試著根據書中所給的作業，每天早起半小時寫「晨間隨筆」，一開始寫得興味盎然，堅持兩個月後，漸漸失去新鮮感，再加上時序進入冬天，筆者是個非常享受與「棉被」相處光陰的人，所以最後當然也就無疾而終了。而最近，筆者又開始充滿熱忱地記下每一次出遊點滴及心情，並從中感到極大的快樂。

如果你問我：「旅遊記錄會一直堅持下去嗎？」我會告訴你：「不知道！」或許有人會覺得這種回答很不負責任，但，在生命探索過程中，你應該早就發現，每個人的性格特質及每個階段所關注的事物不一樣，有些人很適合堅持一件事一直往下走（例如有些人可以寫一輩子的日記）；有些人卻需要不斷變換「口味」，用新的刺激來喚回自己的熱情。不必要的堅持及自我約束，只會增加無謂的自我束縛及心理壓力。在「找到書寫動能」這條路上，它的最終目標並不是要將某種寫作方式堅持到底，而是要讓書寫持續下去，不間斷地嘗試，尊重自己的喜好及模樣，才有可能找到適合自己的路徑。

也許你喜歡為每一張照片加有趣的註記，也許你喜歡畫四格漫畫並為它編情節，甚至你只是喜歡在無聊的課堂上把課文改成KUSO版都沒關係，只要不失去對文字的渴望，並且不放棄書寫，那麼書寫與你的緣分，就不會結束。

這裡想要插入一個小笑話：多年前，筆者曾在國中任教，某天正講到周敦頤〈愛蓮說〉這一課，下課後，一群學生笑不可抑地拿了一個同學的課本來「告狀」，只見「菊，花之隱逸者也；牡丹，花之富貴者也；蓮，花之君子者也」這一段課文旁被加註「花枝真好吃，花枝超級好吃，花枝羹實在太好吃了！」原來，那一節課正是接近中午用餐時間的第四節，正值發育期的這位文字「作者」肚子早就餓得咕嚕咕嚕叫，周敦頤對於花的品評，在他的眼裡都化為令人口水滴滴的花枝羹！在很多人眼裡，可能會覺得這個孩子上課很不專心，可是換個角度想，這個孩子的想法非常「真實」且有創意，雖然他上課不是很專心，可是他的心思是躍動而開心的，或許這樣的想像對他的成績沒有太大幫助，但保持一顆靈敏而好奇的心，對生命是絕對有幫助的。

言歸正傳，在尋找書寫動能的過程中，可能會有很多半途而廢的練習，但每一件事的發生都有其意義，也必定會留下或多或少的痕跡，在多方嘗試後，你將綜合自己的經歷，找到獨一無二、最適合自己的書寫方式，而在找到答案之前，這些過程都是使你得以茁壯成長的養分。以筆者而言，經歷過多方嘗試後，我會在心有所感時寫寫隨筆，讀到一本好書時分享心得，走過一片風景時用愉悅的心試圖留下記錄，這都是讓自己和文字關係更緊密的方式。在這些過程中，我不求完美，不求自己「下筆如有神」，只是不斷提醒自己：保持一顆愉快的心。

是的，保持一顆愉快的心，放輕鬆去嘗試自己喜歡的書寫，會讓書寫更輕易、動能更強大。

二、真誠接納自我

筆者非常喜愛《狂野寫作》（心靈工坊，2007）這本書，娜妲莉・高柏不斷在書中提到「注意心的動向」及「接納自己」對於寫作的重要性，她說「相信我，我們只能用自己的心靈去寫作」。是的，我們只能用自己的心靈去寫作，一旦困死了自己的心，筆下文字就無從發揮。所以，在這一部分，我們要談的是對於自我心靈的接納。

或許有些人會很困惑：「自我的接納，和心智圖、和寫作有什麼關係？」當然是有關係的，而且關係相當密切。先從心智圖來說，其實心智圖是個既能增強邏輯又能強化創意的心智輔具，其繪製原理和形狀都是符合「腦體工學」的，但在使用它之前，你必須打開你的心，才能將它的功能發揮到盡致淋漓，否則它的支幹就無法延伸出去。

再以寫作來說，很多時候我們覺得「不知道要寫什麼」、「不會寫」，其實我們往往不是真的不會，也不是真的想不出來，真正的原因，反而常是因為想得太多、害怕做得不夠好。如果一個人老想著：這句話太差，那句話不好，這個題材我不會寫，那個問題我不想面對……。在一直叨念著自我否定詞句，又追求完美的心理狀態下，落筆時自然壓力極大，就會想要逃避和放棄。而習於自我否定和逃避放棄的後果，就是讓心靈如早凋的蓓蕾，還未盛放就已枯萎。長期下來，很多人會以為自己的心靈本就如貧瘠荒蕪的田野，養不出半朵嬌豔的玫瑰，卻忘了這其實是自己扼殺和缺乏澆灌的結果。

因此，在動筆之前，請你承諾自己會用愛與肯定去保護已傷痕纍纍的心田，請答應自己，不要想著一飛沖天，只要想著緩步向前；不要急於苛責自己，而要看到自己的成長，並且在心中給自己肯定和掌聲。

當你能下定決心接納自己時，心靈之門才會為你開啟，我們也才能夠開始練習傾聽心靈的聲音。

承諾敞開心之後，我們就可以接著討論，如何傾聽心靈的聲音。

貳 傾聽心靈的聲音

有一定書寫經驗的人一定會覺察到：自己對於某些題型特別擅長，有些題型卻特別不擅長。之所以會如此的原因可能有兩種：一種是源於每個人才性的差異，例如有些人特別長於說理，有些人善於記事抒情，有些人則可能習於在文字間跳躍，用詩寫下靈光一剎的文字；第二種原因是題目是否與自己的生命起了呼應連結，有了呼應就能發揮得很好，反之則不然。

才性難以強求，對題目感應的敏銳度卻可以透過練習提升，所以，在這個部分，我們就要嘗試藉著題目傾聽心靈的聲音。而能夠藉著文字，傳遞自己心靈的聲音，並且引起讀者的共鳴，這就是寫作的最高境界。

曾經有人問過我：「為什麼要學寫作這個東西？」

我的回答是：「寫作，其實是一種複合能力的展現，藉著寫作，書寫者展現了邏輯能力；藉著寫作，書寫者的渴望與追求在文中一覽無遺；藉著寫作，我們得以知曉書寫者觀看世界的方式；藉著寫作，書寫者有了與讀者對話的機會。」

文字，其實就是書寫者與閱讀者的無聲對話。

所以，當讀完題目之後，我們應該聽聽自己心靈的微小聲音，問問自己的心：你想要藉著這篇文章，告訴別人什麼？

問完第一個問題後，接著要再試著問自己：如果我是讀者，我會希望看到什麼？寫作是交流對談，不是喃喃自語，因此，試著揣度讀者的心情、傾聽讀者的聲音是相當重要的，即使我們並不真正知曉讀者在哪裡。

如果把寫作比喻成一場交易，那麼寫作者便是推銷員，閱讀者就是消費者，試著揣摩消費者的心理，選擇自己和他們都會感興趣的話題，字斟句酌地使用雙方都覺得舒服的詞語，完成一場皆大歡喜的交易，這是身為「文字推銷員」的我們的最高使命。

當然，無論是傾聽自己或讀者的聲音，「真誠無欺」都是最重要的基本元素。

永遠不要為了媚俗討好而選擇連自己都覺得不舒服的文字及素材；永遠不要試圖用欺詐的方式來博取他人的好感。因為，讀者的眼睛是雪亮的，除非你有自信自己是偽裝技術高超的專業演員，否則，虛偽不真誠的氣味將透過字裡行間散發出來，讓閱讀者渾身不自在。

「要感動讀者之前，要先感動自己。」這句話真是至理名言。

然而，心靈聲音的來去是游離如雲、迅捷若風的，要怎麼抓住腦中倏忽來去的微小聲音？

答案是：用心智圖的水平思考和垂直思考。

而究竟該怎麼做呢？

接下來讓我們依照下列的步驟，做一個小小的傾聽練習。

一、用Brain Bloom（水平思考）寫下每一個閃現的意念

每當你看到一個題目時，畫一張把題目擺在中心主題的簡易心智圖，然後很快的把腦海中閃現的每個意念，用最簡單的文字寫下來，直到腦中再也沒有新想法為止，這個動作只要一兩分鐘，但它卻可以幫助你抓住很多連自己都沒有注意到的微小念頭。

二、用Brain Flow（垂直思考）延伸思緒

水平思考幫助你從中心主題出發，發散多角度思考；而垂直思考則能讓思緒繼續延展，越想越深、越想越遠。在發散思考過後，若有一、兩個角度又觸發你的新思維，那麼就讓它繼續延伸下去，直到窮盡為止。但要特別提醒的是：此部分的聯想是有寫作主

題的，所以無論是水平或垂直的聯想方式，雖不苛求一定要邏輯嚴密，但也不宜太過於天馬行空。

三、自問WIIFM，圈出想要的素材

看著這個粗具規模卻滿載你心靈聲音的小小心智圖，請試著問問自己：我想寫什麼？哪一個是我處在目前的狀態下能發揮到最好、最能啟動我寫作欲望的素材？

把最能觸動你的素材圈起來。

四、傾聽隱形讀者的聲音

換個角度問問自己：如果我是讀者，我可能對哪個話題最感興趣？我可能最想聽到什麼話題？

把這些主題也圈起來。

五、綜合評估，決定寫作方向

把圈起來的材料再看過一遍，評估看看是否串連起來的可能，最後再做取捨，決定寫作的方向。

接下來，我們就以「最難忘的一件事」為例，一步步地進行實例操作，讀者也可以拿出紙筆，按照步驟畫出屬於自己的心靈聲音心智圖。

範例——最難忘的一件事

步驟一、在決定題材之前，先進行水平思考，把想到的事件寫下來

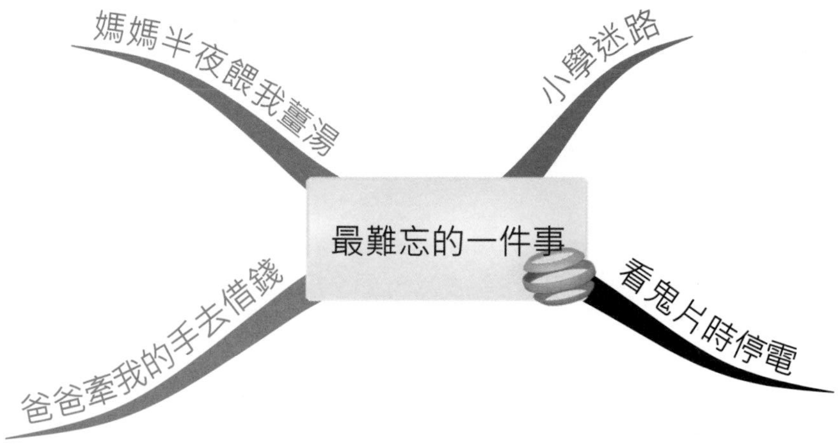

步驟二、從各個主幹繼續延伸水平與垂直的思考，把所想到的事物都寫下來

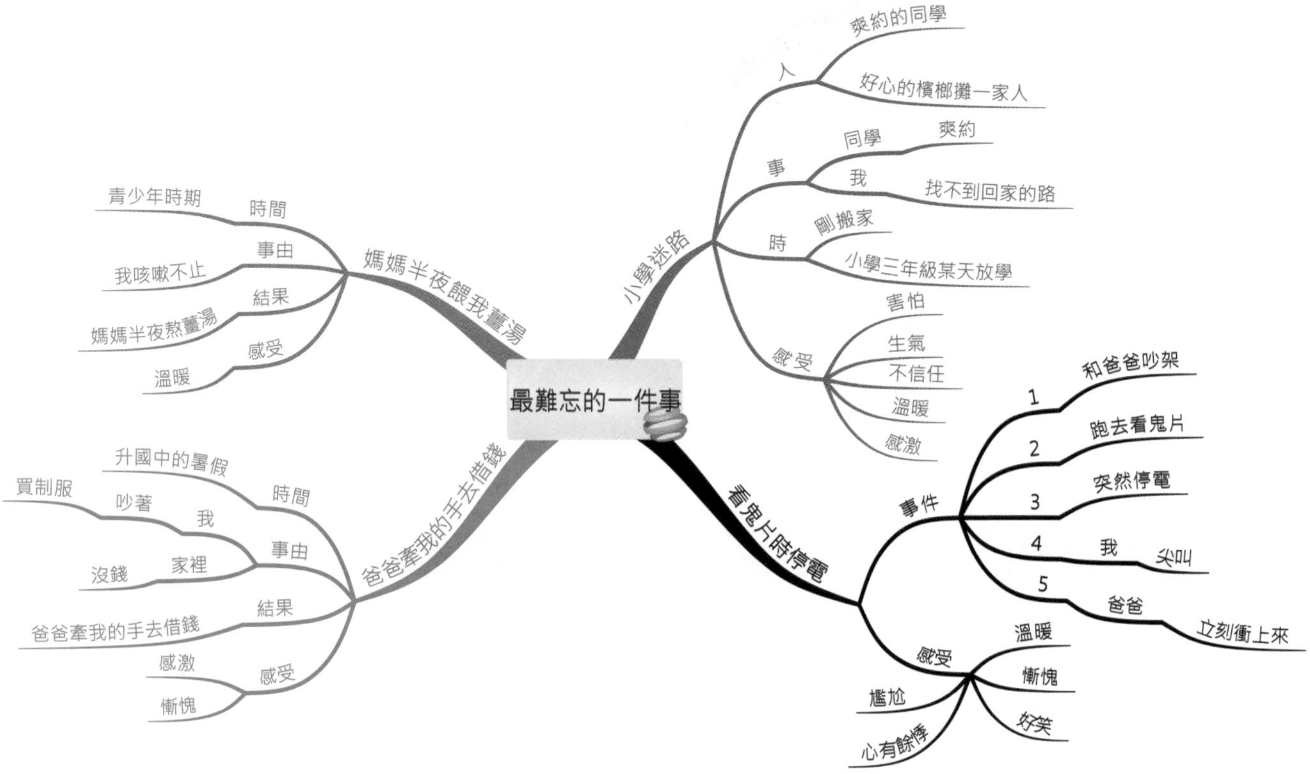

步驟三、傾聽心靈的聲音，把最想處理的素材圈出來

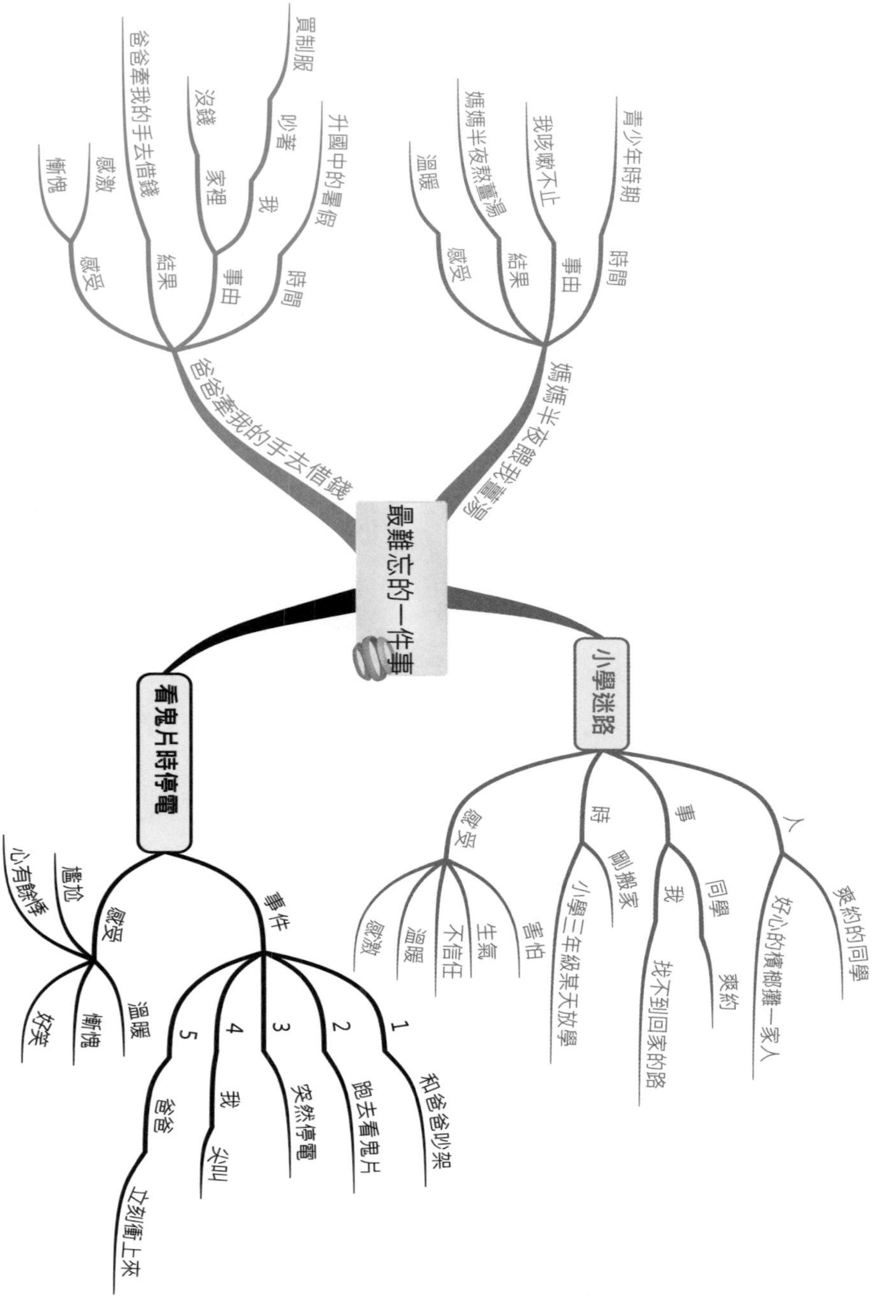

觀察上面四個素材，它們予人的共同感受都是生命的溫暖，但「小學迷路」這件事

比較特別，參與的人物和其他三者不同，它是由陌生人和同學構築而成的社會經驗，而其他三者則主要是屬於親情的探討。因為「小學迷路」與其他三個素材相較之下差異較大，所以先予以保留。

至於三個親情素材中，「看鬼片時停電」包含了親子間的衝突，又凸顯了當意外發生時，父母那種義無反顧的愛，再加上衝突發生時正好是「看鬼片停電」，具有相當的趣味性，所以三個親情主題決定保留這一個。

步驟四、試著揣想讀者的心理

針對兩個選出來的素材，試著想：「如果我是讀者，會對哪一個題材比較感興趣？」然後，你可以自問自答，或許你會得到以下的答案：「嗯，與其看一個小孩被同學丟下，又被好心人拯救，這種背叛加溫暖的常見故事，我寧願看一個充滿煙硝味卻不失溫暖、外加爆笑的家庭故事。」

走到這一步，答案已經呼之欲出了。

步驟五、綜合評估，決定寫作方向

由於題目是「最難忘的一件事」，幾個主題沒有並存的可能，因此，順理成章地，

「看鬼片時停電」將成為寫作時的材料。

決定之後，寫作者就可以根據自己所選擇的素材，寫一篇既吻合自身生命經驗又合乎隱形讀者胃口的文章了。

【範例】最難忘的一件事（梁容菁）

在生命旅途中所看到的各種風景，有些如微塵清風，輕拂即去，不留痕跡；有些卻如暗夜微光，永遠存留在心裡。而這些暗夜微光中，必有一道，如最晶亮的晨星，即使曙光已現，也難掩光芒，那，就是生命中最難忘的一件事。

我生命中最難忘的一件事，發生在十多年前台灣大停電的那一夜。

當時十多歲的我，是不太敢頂撞父親的，可是，那一夜，不知為何，我特別執拗，甚至大起膽子和父親起了衝突。

不願意再動手教訓當時已經是高中生的女兒的父親，大聲罵了幾句後就忿忿地下樓了，而我，則氣沖沖地打開電視，發誓再也不要理這個當下在我心中無可理喻的老爸。

電視機裡正播放著我既怕又愛的鬼片，那是個痴情女鬼報復負心漢的故事。

還記得，那美麗的女子為了挽回負心漢的心，深夜裡在荒郊野外苦苦等候，結果慘遭姦淫殺害。

還記得，為情殞命的她，幻成厲鬼，誓要討回公道，結果找上了雖然容貌平凡，但同樣痴心，想藉整容挽回外遇丈夫的女人。

痛恨負心漢的女鬼，殺死了負心漢後還意猶未足，決定替整容失敗，結果飽受丈夫和小三奚落的可憐女人討回公道，她出現在外遇男子和小三的眼前，原本美麗的容顏泛出了猙獰的青光，一步步朝那不忠男人逼近……。

就在這讓人屏息的一刻，「啪！」一聲，四周突然一片漆黑。

「啊！」我揚聲尖叫起來，入戲太深的我甚至失控大叫：「爸爸，救命啊！」

大概是被我淒厲的叫聲嚇壞了，在樓下的父親三步併成兩步狂奔上來，邊跑邊安撫地大聲喊：「不要動！沒事！」

直到父親衝上樓，我的心跳才漸趨平穩，也才恍然：不是厲鬼從電視機裡面爬出來找我索命，只是普通的停電罷了！

而也直到向來嚴厲的父親，焦急又關切地安撫我的情緒時，我才明白：火爆煙硝的嚴厲管教背後，隱藏著父親不變的關心和愛。

事後，回想起當時的場景與心情，除了心有餘悸外，還有尷尬、慚愧、好笑等種種情緒在其中。

心有餘悸是因為停電的那一刻，電視螢幕定格在女鬼表情的感覺實在是太深刻恐怖；尷尬是因為自己居然如此失態；慚愧則是因為自己如此執拗任性，可是爸爸卻還是對我那樣關心；而好笑，不用說，當然是因為那時自己的反應，事後想想實在是蠢極了！

但在這些情緒之外，還有一種情感在綿綿湧動，那種情感軟軟的、溫溫的、暖暖的，這種感覺一直存留在我心裡，伴著我走過十多年的歲月，也將伴著我繼續走下去，那是父親對我的愛。

夾雜著愛、尷尬、慚愧、好笑及恐怖的台灣大停電夜事件，便是我生命中最難忘的一件事。

參

打造創意Slogan

除了文章之外，為一個活動訂名稱、想口號或標語，也是日常生活中常會遇到的寫作瓶頸，在這一部分，我們就要練習運用心智圖來打造創意Slogan。

用心智圖打造創意Slogan的步驟如下：

一、繪出中心主題

在決定中心主題圖案的同時，圖案的用色、選擇，其實都在暗示這個活動或群體的特性或精神，它會影響並引導觀看者的思考及感覺，所以建議中心主題要挑選符合特性的圖案，仔細繪製。

二、進行腦力激盪

此部分執行方式與第貳部分「傾聽心靈的聲音」前兩個步驟大致相同，就是用水平思考寫下每一個閃現的意念，然後用垂直思考延伸思緒，但不同之處在於：通常標語、口號的彈性會比寫整篇文章大，而且要求的創新性及創意性也較寫作整篇文章時強，所以此時的聯想可以自由聯想和邏輯聯想並進，想到什麼就畫什麼，不用太在意延伸出去的思緒是否離中心主題越來越遠。

三、進行詞語排列組合

腦力激盪到一定程度後，會發現寫出來的東西都在差不多的範疇裡打轉，當這種情況發生時，代表腦力已經激盪得差不多了，這時，就可以進行詞語的排列組合。

大略看一下剛剛寫下來的所有內容，圈出幾個可以拼湊在一起的詞語，將它們重新拼湊，最好能多拼出幾組詞語。再把拼出來的幾組詞語做比較，挑出最適合情境和主題的一組，進行最後的修飾就大功告成了。

接下來，我們以「為新開業的麵包店命名」為主題，進行創意Slogan練習。同樣的，也請讀者拿起筆，依照步驟做練習。

範例——「為新開業的麵包店命名」

步驟一、繪製能凸顯中心主題的圖案

首先，把自己認為最切合中心主題的圖案畫下來。

步驟二、腦力激盪自由聯想

在這個步驟中，最重要的就是「務要窮盡」，也就是要盡可能地把腦中想到的想法全部寫下來，思考角度最好能夠多樣化，這樣進行到第三步驟時，才可能有更多、更好的創意。

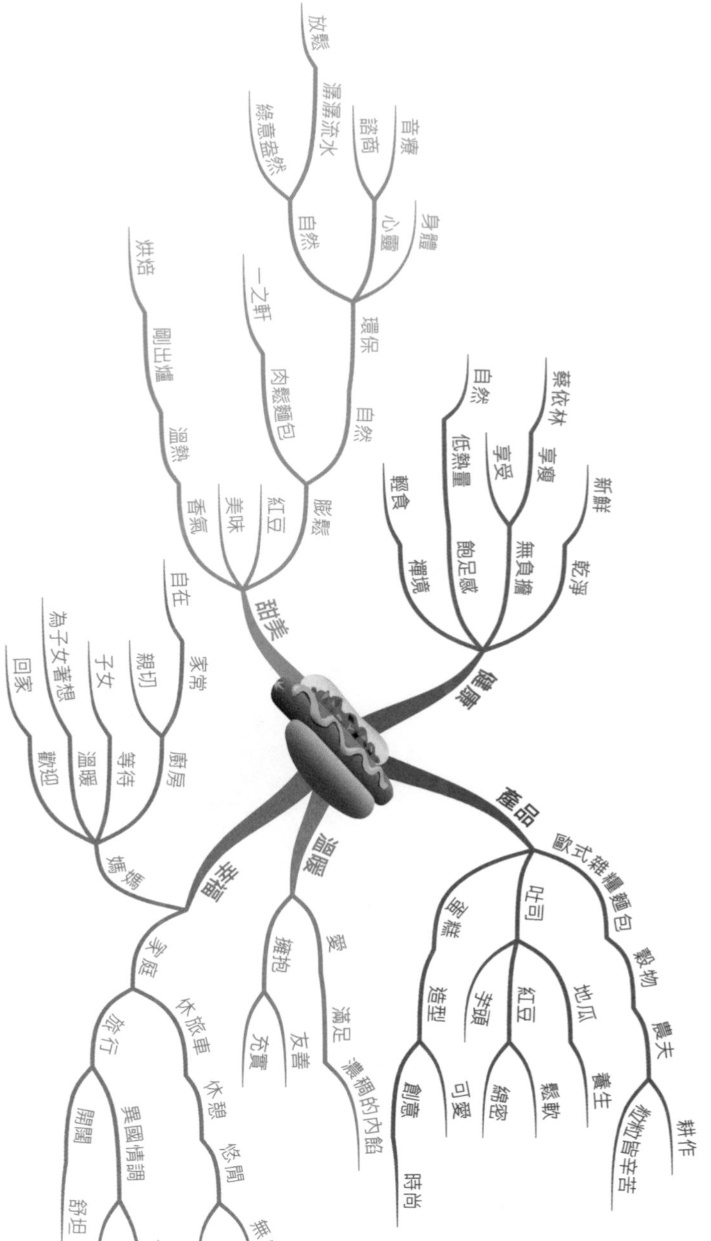

步驟三、圈出可以拼湊的詞語，進行排列重組

在這個階段中，我們可以開始檢視剛剛畫的心智圖，有適合的詞語就圈出來，接著進行重組。重組後產生的標語數量越多越好，可以直接拼湊，也可以增刪詞語，當然，如果在檢視的過程中有新的靈感，也要隨時記錄下來。

發想成果之一 新鮮無負擔，享受又享瘦——愛烘焙麵包店

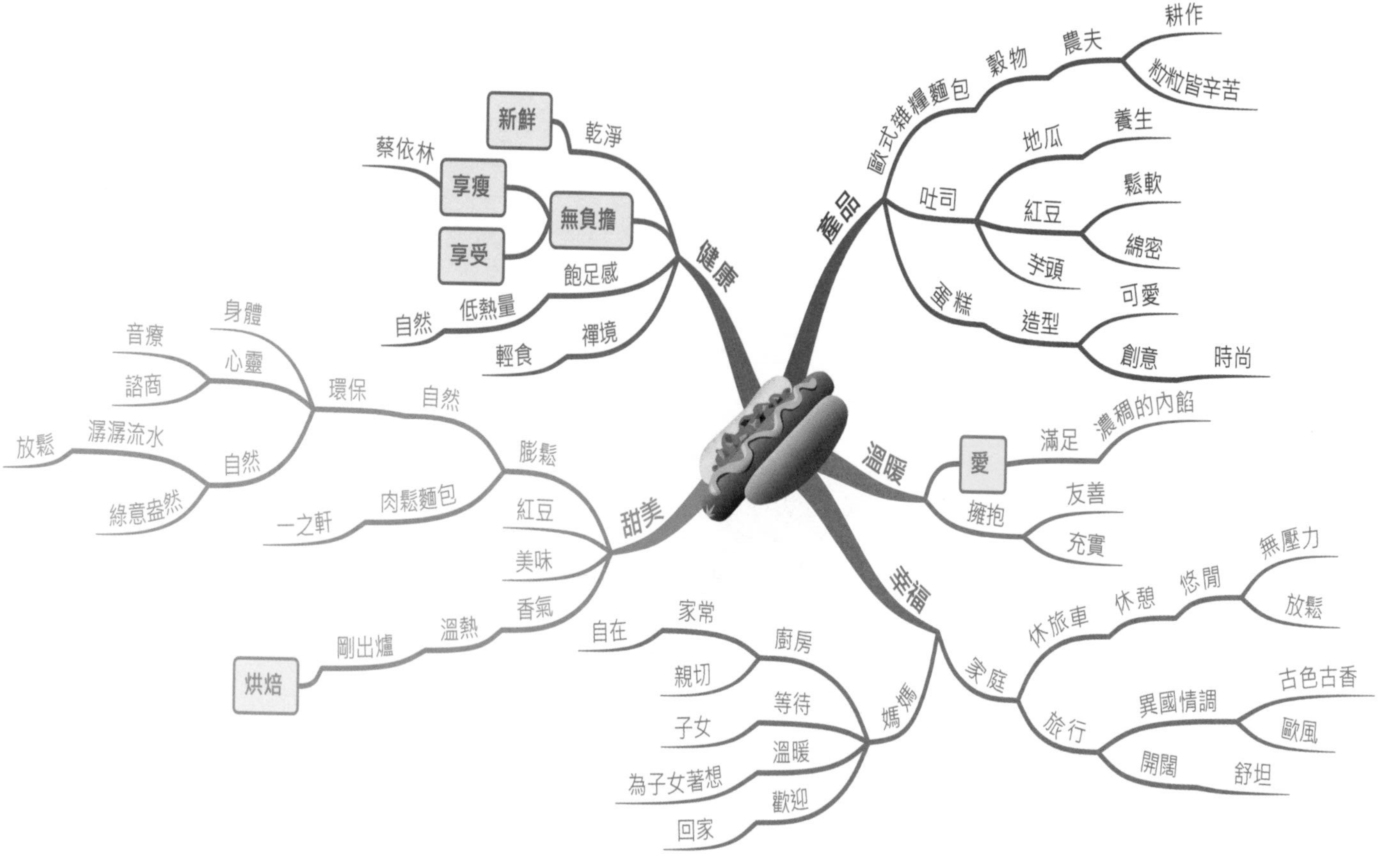

發想成果之二 悠閒午后，幸福節奏——歐風雜糧麵包館

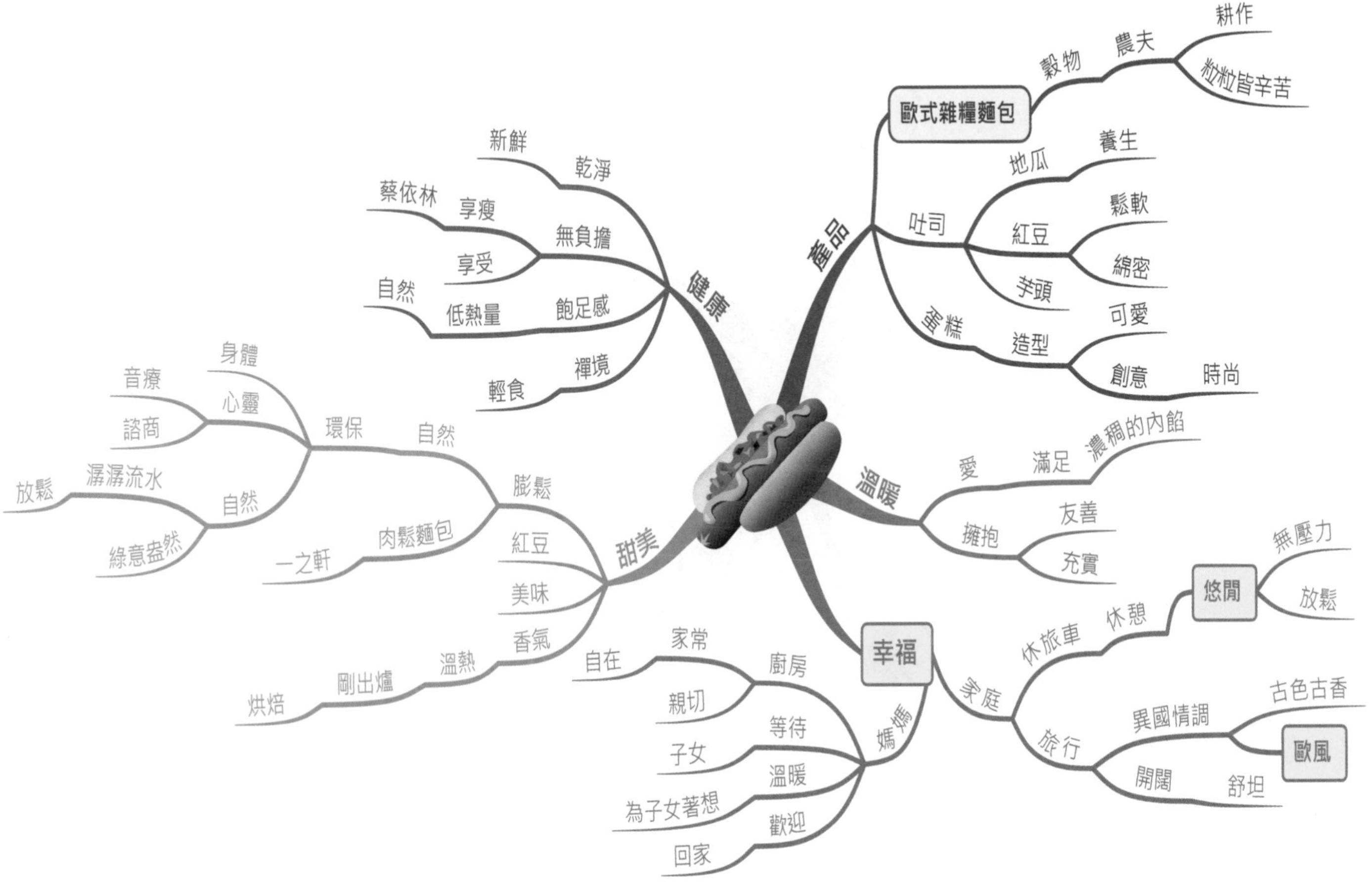

發想成果之三

綿密鬆軟好滋味，自在自然保健康——心暖暖麵包店

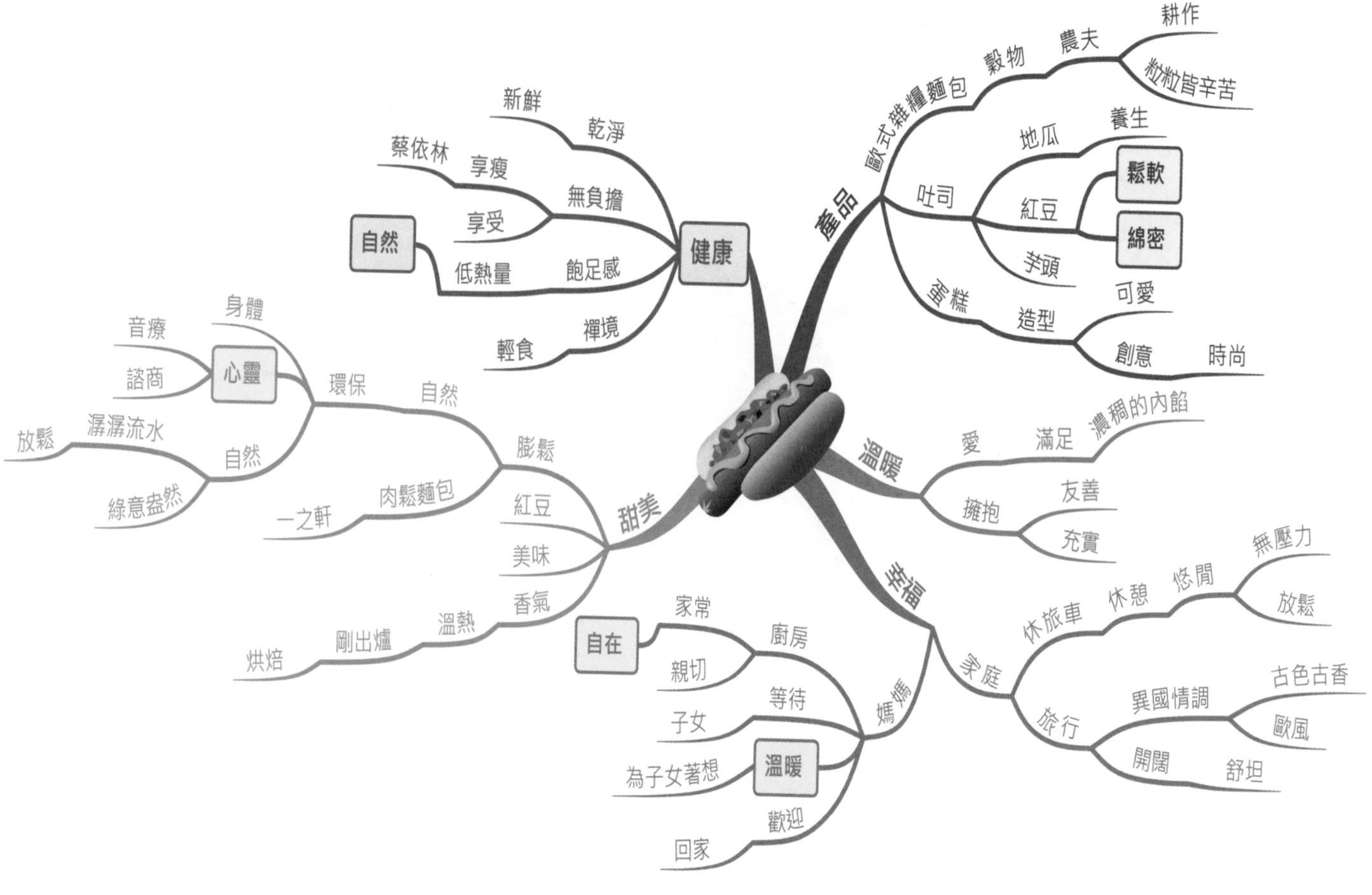

步驟四、從上述拼湊出的標語中，挑出最適合的標語

再次檢視第三步驟列出的所有標語，思考何者最能觸動人心及帶出麵包店特色，然後做出決定。

打造創意Slogan的方法很簡單，但要充分腦力激盪，對很多人而言卻非常不容易，因為這個方法最忌諱「批評」。包括筆者在內，許多人都有自我批判或批判他人的習慣，常常會有「這個想法太爛了，不要！」、「這個詞語太俗氣了，會被笑！」諸如此類自我否定的念頭，這種想法常不自覺地從潛意識竄出來搧自己的耳光。

對，不要懷疑，它的威力就如同搧耳光般的強大，因為它帶動的是灰心、自信心喪失、退縮等強大的負面能量。當這種意念浮現時，就違背了我們在本章第壹部分所做過「讓心靈自由」的約定，一旦執起傷害心靈的刀刃，就會導致創意的恐懼與退縮。

在使用這個方法時，無論過程中你覺得自己或對方的想法有多爛多差，都要允許自己或他人先寫下來再說，即使最終仍要做選擇，也必須謹記：「這個想法這次不被採用，並不代表它沒有價值。」這種不批判的接納心理，才能讓自己和對方感到安全，也才能讓創意發揮到極致。

肆

設置掛鉤練習

「有些事情不是忘記，只是想不起來而已。」這是一句我非常喜愛的廣告詞，在很小很小的時候，我們都曾喜歡畫畫，都曾喜歡抓起筆來隨意塗寫，不管畫得好不好，不管寫的句子能不能登大雅之堂。

可是，隨著時間過去，在一次又一次的評價挫折中，在反反覆覆的理性思考訓練中，在倉促急躁的生活步調中，許多曾有的創意與熱情，許多曾觸動心弦的夢想或典範，一一沾染塵埃，最終埋藏在心裡。有些人終其一生，再也沒機會與自己那些曾經亮麗而輝煌的想像再次相遇，再也沒機會想起那或浪漫、或實際、或昂揚、或幽婉的心情。

而日復一日地不覺察，日復一日地允許自己被世俗價值所同化，正是造成思維僵窒的元凶，也是造成許多人恐懼寫作的凶手。因為從眾的思考方式，讓人們不習慣獨立思考，也讓人們無暇回顧那情懷如詩的美好時光。

這，真的很叫人傷心哪！

所以，謳歌寫作吧！寫作能讓我們停下腳步，寫作能讓我們瞻顧過往、遠眺未來。

當你拿起生疏已久的筆，完全不知如何下筆時，設置一些會引逗你心思意念的「餌」，將有助於你勾出自身本有的，但潛藏已久，幾至遺忘的知識及情感力量。

每個人適合的「餌食」不同，接下來僅就幾個常見的好用掛鉤進行簡單介紹。而在介紹前要先提醒兩件事：一是在進行思考時，視情況運用一兩個你覺得適合使用的掛鉤即可，太多的掛鉤會打壞思考的胃口，反而造成負擔；第二個提醒則是掛鉤可以混合使用，隨時調整，毋須拘束，讓想像乘風自由。

以下，就提供幾個實用的掛鉤供讀者參考：

一、為主題下定義

試著在看到主題時，為每一個主題下定義，在定義完後，若有觸動，可繼續運用心智圖進行垂直思考。

其實，每個人都會在自覺或不自覺間，依據自己的生命經驗，對眼前的每件事進行評價，「定義掛鉤」的目的，就是要勾出寫作者的深層思維，以及本來就深藏於心的相關知識。

定義掛鉤，可以分成兩個主幹：一、根據自己的理解，嘗試定義主題；二、思考是否有他人曾對這個主題進行詮釋或有相關的說法。這個舉動將有助於了解自身及他人對這個主題的看法，並拓展思考的角度；而他人的說解若與自己的定義有所呼應，也能在文章中引用，成為文章論點的證據。

以「風雨同路」為例，我們可以從字面義及引伸義去定義這個題目：

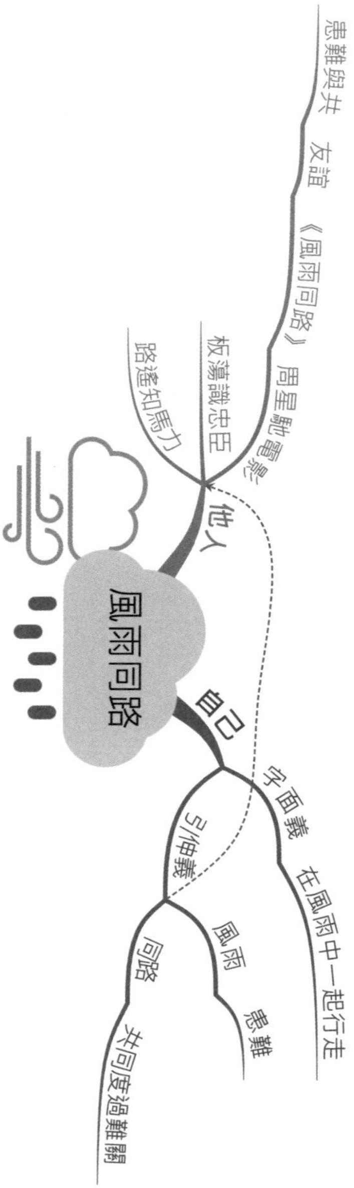

從右圖可以看出，「風雨同路」在筆者的理解上，可以分成有字面義——「在風雨中一起行走」和引伸義「共同度過難關」兩種，但搜尋腦中引擎，發現所想到的他人觀點，無論是電影或格言佳句，都是傾向於引伸義的理解，所以，寫作時應該是從「共患難」的引伸義來切入會較合適。

再以「浮生」為例，進行定義掛鉤發想：

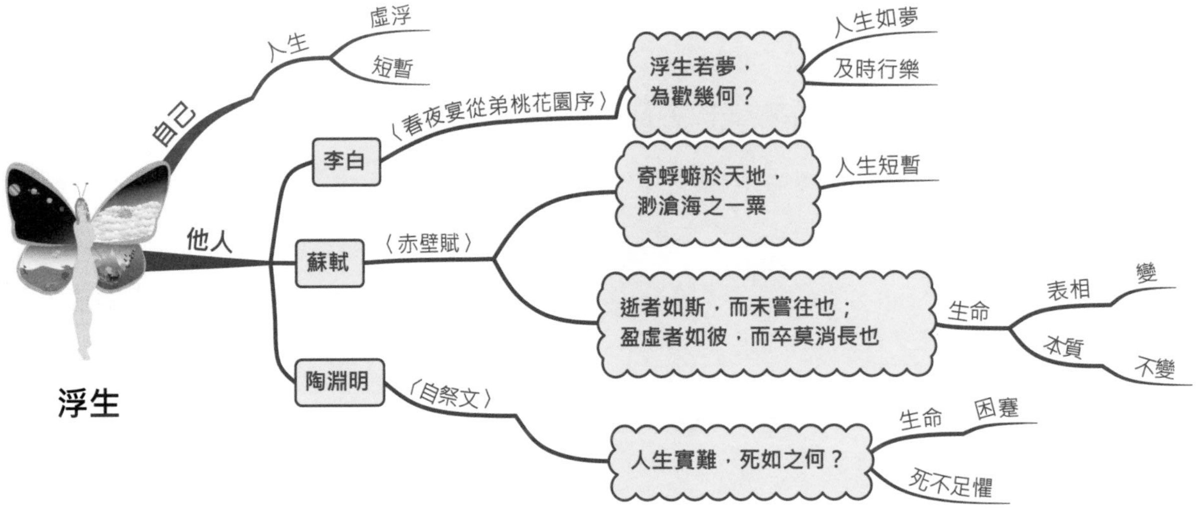

從圖中可以看出，「浮生」二字，讓筆者直覺想到的是「人生的虛浮與短暫」，定義較為淺白且缺少深度，但把想到的他人相關說法記下之後，就發現其實這個題目非常適合進行深度的生命思考。

李白的「浮生若夢，為歡幾何？」不但直接與題目「浮生」相關，而且帶出的是「人生如夢，及時行樂」，這種看似歡樂，實則隱含對生命短暫無可奈何的思想。

而從「浮生」二字，筆者又聯想到蘇軾的名篇——〈赤壁賦〉，這篇文章主要是在說明「生命表相改變，但本質不變」。若生命的本質不變，那麼即使表相的生命消逝，也毋須太過憂傷。這種觀點，使「浮生」有了另一種理解的可能。

至於陶淵明〈自祭文〉中的「人生實難，死如之何？」既帶出了「人活著不容易」的辛酸心聲，又帶出了「死不足懼」，超脫死亡的豁達胸襟。這種想法，雖不能完全讓人從「浮生若夢，為歡幾何？」的遺憾超脫，但卻也令人不禁想到：死亡，對某些人而言，或許也是一種解脫。

透過定義的探索和思考，書寫的材料就會變得相當豐富。

二、感受「感受」，並問「為什麼」

感受「感受」的意思，就是試著問自己：「對於這件事，我覺得如何？」然後把感受寫下來；接著又問自己：「為什麼我這樣覺得？」再把原因寫下來。這種思考常有助於發現自己的情緒，釐清自己的思維。

以「考驗」為題，我們可以嘗試去分析自己對「考驗」的感受是什麼，並且探索原因何在：

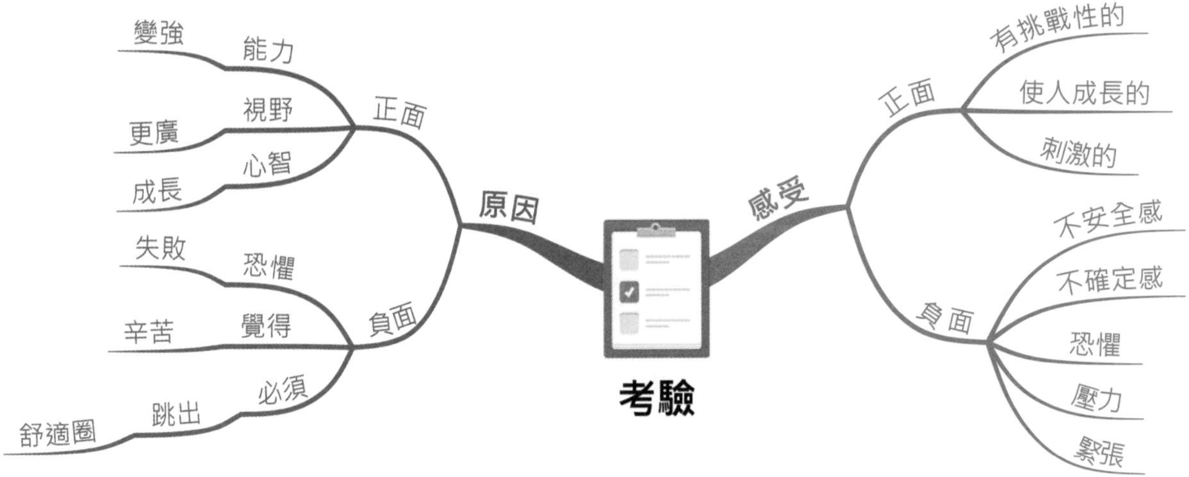

在探索感受時，可從正面和負面兩個角度切入。在正面感受上，考驗可能是「有挑戰性的」、是「使人成長的」、是「刺激的」，之所以會有這樣的感受，是因為考驗將使人的能力變得更強，也能讓人接觸新的領域，使視野更寬廣，而經過考驗的淬鍊後，人的心智亦會有所成長。

但考驗也同時讓人感到不安全、不確定，讓人覺得恐懼、壓力和緊張，因為人都會害怕失敗，也會排斥辛苦和必須遠離舒適圈的事物。

探索完畢後，我們就可以試著從這兩種角度去討論「考驗」這個題目。

再以「偷得浮生半日閒」為例，探討自身對這個題目的感受，以及會如此感受的原因：

「偷得浮生半日閒」，讓人感到悠閒、幸福和放鬆，同時也令人覺得它是生命中難得的寧靜時光。而之所以會有這種感受，是因為在這個時刻，人們可以暫時擺脫生命的責任、紛擾與束縛，不用再為生命中的瑣碎事物緊張和煩惱。

既然「偷得浮生半日閒」給人的感受是如此的舒服，那麼在行文著墨時，就可以朝營造這種氛圍的方向進行。

三、人、事、時、地、物

當面對一個情境或事件時，思考是否有相關人、事、時、地、物的實際例證，這類掛鉤，有助於增加寫作題材及思考廣度。

在進行此類掛鉤聯想時，先把人、事、時、地、物五個主幹都畫出來，進行聯想，但不一定每個主幹都要有支幹，能延伸的可以盡量延伸，不能延伸的不妨空白。

以「最好的時光」為例，用這個掛鉤或許可以延伸出兩組聯想：

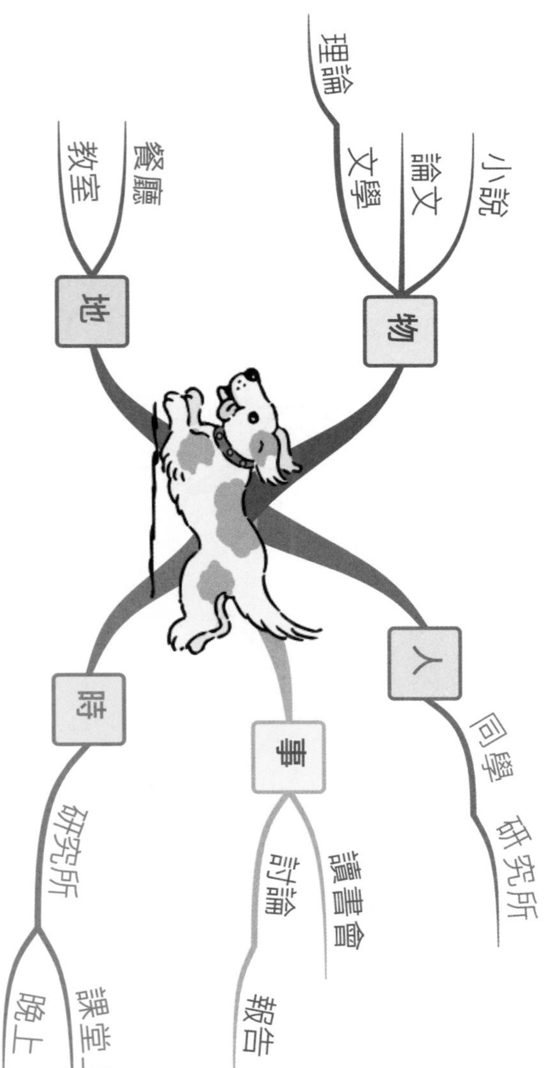

第一組聯想是提到在讀研究所的時候，利用課堂和晚上，在教室或餐廳和同學組讀書會、討論報告，而討論和閱讀的範圍很廣，包括小說、論文和文學理論等。

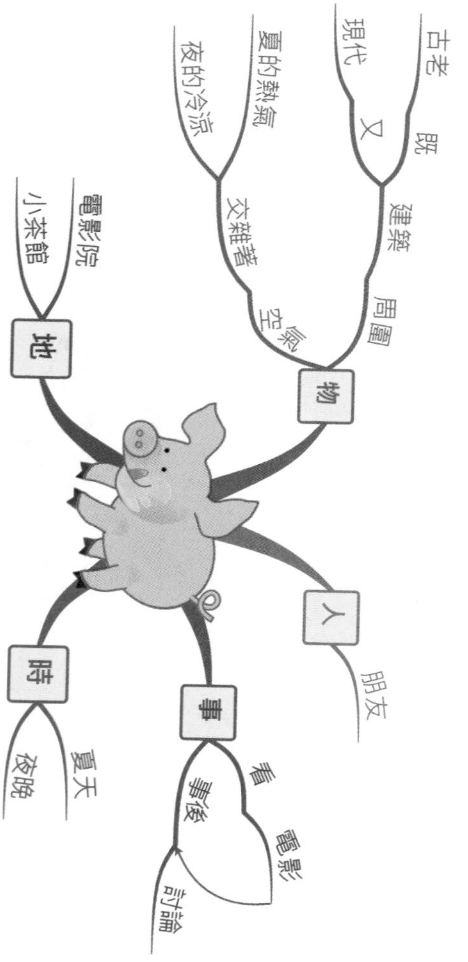

第二組聯想則是想到在夏天的夜晚，和朋友去電影院看電影，並在事後到小茶館進行討論，當時空氣中帶有夏的濕熱又混雜著夜的冷涼，觸目所見，周圍的建築既古老又不失現代感，是個很特殊的夜晚。

這兩組的聯想表面上看來風馬牛不相及，但事實上它隱含著一些共通之處——和朋友一起討論、分享及從事喜愛的事物。像這種同一主題出現一個以上的聯想，可以有兩種做法——第一種是選擇其中一個主題做深入描寫，這種寫法較不會出錯，難度較低也較安全，對初學寫作者會是比較好的選擇；另一種則是抓住聯想的共通性，做原則性的闡述，這種寫法挑戰性及危險性都高，一不小心可能會有空泛甚至偏題的危險，但也很有可能會獨出機杼、別具創意，例如：

生命如沙漏，在細細篩過的灰色沙籽中，總有一些金色的粉末藏身其中，熠熠發亮。那些粉末，於我，就是與志同道合的朋友們相處的時光，也是我生命中最好的時光。那些美好時光不是昭然可見的，而是若有若無、忽隱忽現。似斷若續的纏連，細細串起一條線，串成我生命中最纖麗的金鍊。

那或許是在一個鐘聲已響，老師尚未踏入的喧嚷教室裡，幾個對學習同具熱情的朋友，一起高聲爭論著對某些理論的看法；或許是在一個簡便的小餐廳中，杯盤狼藉的桌面上，還攤著、零散著準備報告的講義，口裡還嚼著來不及吞嚥的食物，但各種想法又爭先恐後地從圍桌共食的朋友間冒了出來；又或許是在一個夏日燠熱的夜，我們踩著紅磚的石階，嗅聞著濕黏又帶著暗夜魔魅的氣味，步入茶館討論剛剛的電影情節……。

這些光陰，如一幕一幕的風景，表面看來迥異，仔細窺瞧卻又無比相似相近，如那炫彩流金的光陰沙粒，看來點點滴滴、星星閃閃，但，從來都是一體，本質從來如一，同是最美最好，無可挑剔。

那是友誼，是志同道合、齊心協力為目標前行；是興趣相投，能分享生命的吉光片羽；是夢想相近，於是我們同時展翅振羽，在拍擊中颳起剽颯的風，激勵著自己，也激勵著對方，同時憑虛御空旋起，並且不忘彼此提攜。

彼此相依，共同追尋。造物之手複製了一幅又一幅神韻不變的美麗圖畫，安插在我流轉的各個生命階段中，每一幅圖畫的精神韻味如此肖似，於是我可以輕而易舉的辨識，它們源出自同一雙造物手的恩賜，無法比較，也毋須比較。

當沙漏滴盡，晦暗沉積，星散的金色粉末將輕盈躍起，在空中聚集合一，永被銘記，與志同道合的朋友們相處的時光，是我生命最好的時光，是最美麗的生命印記。

兩種取材方式各有優劣，讀者可依當時自身情況做考量，選擇自己能表現得最好的方式做發揮。

四、古、今、中、外

當你希望證明你的說法是「放諸四海而皆準」的，那麼，這類掛鉤就非常適合你。例如，我希望證明「勇敢，是帶著恐懼往前走」這句話是至理名言，那麼我就可以從古今中外來找例子：

明代的方孝孺不願意投降明成祖，即使明成祖刻意在他面前一個個殺掉他最愛的

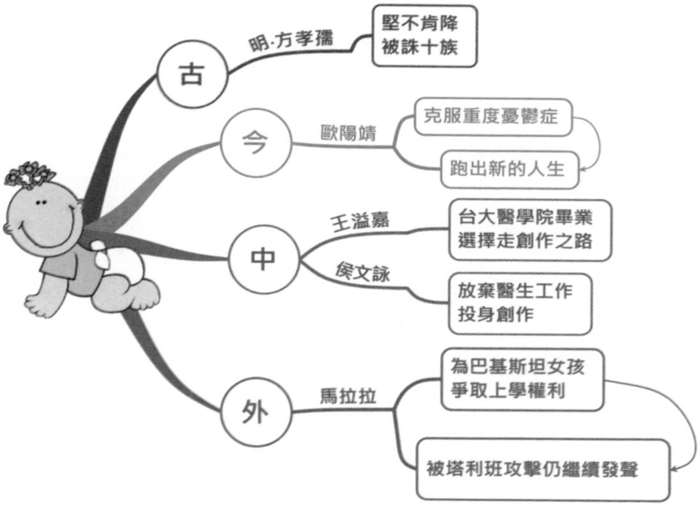

親友，他仍不肯妥協，最終被誅十族；現代的歐陽靖曾經自我放棄，曾經被許多人唾棄、看不起，但她不願意被他人嘲弄的眼光及重度憂鬱症打敗，靠著跑馬拉松，改變自己的人生；王溢嘉有機會走向醫生之路，但他卻在掙扎中放棄了繳交志願卡的機會，成為「沒有醫院的醫生」，投身創作之路；侯文詠在猶豫多年後，辭去人人歆羨的醫生職務，專心寫作；來自巴基斯坦的馬拉拉，無懼塔利班的威脅，為女孩們爭取受教育的權利……。

上述的這些人，他們面對的同樣是妥協或堅持的抉擇，也同樣經歷過痛苦、害怕和猶豫，選擇的過程不能無懼，但他們都選擇了傾聽心靈的聲音，帶著恐懼走向他們認為正確的道路，活出了勇敢的自己。

除此之外，像「我最喜歡的一本書」這類沒有「時效」、「區域」限制的題材，也可以使用這類掛鉤來找靈感。

如下圖，從古、今、中、外四個角度去思考後，就可以再從中挑出自己最喜歡的一本書來做發揮。

除了「我最喜歡的一本書」之外，像「我最崇拜的人」、「我的偶像」這種沒有區域、時間取材限制的題目，也很適合用這類掛鉤來刺激想法。

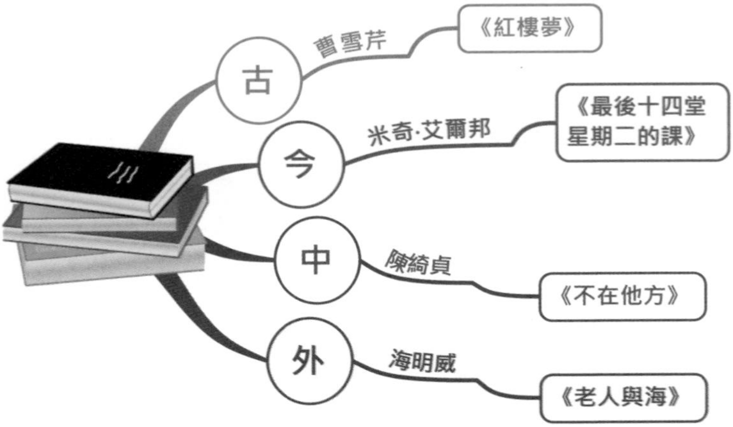

五、視、聽、嗅、味、觸、心

有一種常見的修辭技巧，叫做摹寫。所謂的摹寫，就是將你的感官所感受到的，盡可能具體地描寫出來，這種修辭法，一般分成「視覺、聽覺、嗅覺、味覺、觸覺」五感，但也有人將心的感受列入，稱之為「心覺」。

這種修辭法本身就是極佳的掛鉤，此類掛鉤可以提醒寫作者去關注自己容易忽略的部分，尤其適合只擅長描寫自我感受（但這類書寫常有流入喃喃自語的危險）卻不擅長刻畫具體事物的寫作者。

在使用上，它雖然可以從六個角度來進行描寫，但通常建議從兩到三個角度去刻畫即可，否則弄得不好，容易顯得累贅。**以「夏天」為例，我們可以用摹寫掛鉤來進行描寫練習。**

「夏天」可予人諸多感受，但在書寫時，可以只挑選幾個合適的內容做書寫：

> 夏天，是生命力洋溢的季節，枝葉在此時繁茂，鳥兒在林間啁啾，秉性極熱（如榴槤）或極冷（如西瓜）的蔬果亦在此時大行其道；夏天，是別離的季節，當微帶濕黏的風拂過耳際，驪歌亦隨之響起，風過後滯留在身上的黏膩，正如那化不開的離情。

除了以上這些參考掛鉤之外，你也可以在書寫過程中，試著創設自己獨一無二的靈感掛鉤，例如：動物、植物、無生物；陸、海、空；飛禽、走獸……等等，讓自己的思維更活躍，寫出來的作品更獨具一格。

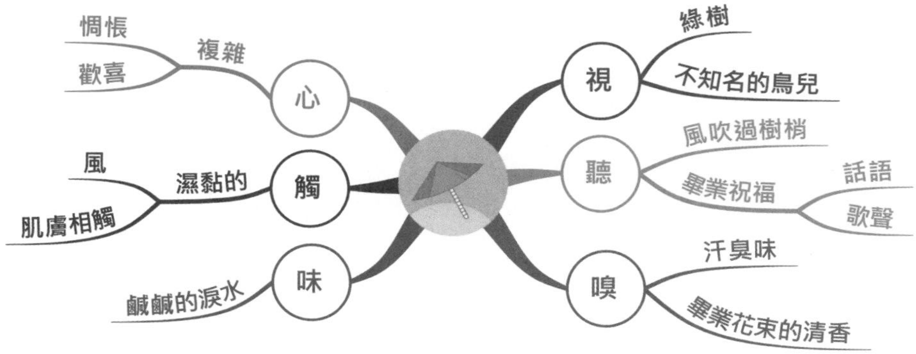

Chapter. 4

設立平穩架構 寫出完整篇章

在落筆之前，你習慣先設立架構嗎？還是提起筆來先寫再說？

這兩種方式沒有絕對的好壞，一個嫻於寫作且邏輯清楚的寫作者，在寫作短篇文章時，往往胸中自有丘壑，即使不立架構，文章也不會有太大的結構問題。但對於想要書寫長篇作品，以及常會發生「慘了！越扯越遠了！」、「糟糕！這段跟上一段連不起來！」、「完蛋了！不知道怎麼接下去……」等狀況的寫作者而言，練習設立架構就是必要的功課。

在這一章中，我們將先介紹架構文章的基本原則——起、承、轉、合，有了基本的概念後，接下來就以實際作品為範例，觀察起、承、轉、合在使用上的不同變化。之後，我們將利用第壹部分的幾個範例，進一步介紹檢查文章線索是否完整的技巧，並在最後跳脫出作品文字敘述的層面，將焦點擺在藏於文字後面的敘述技法，以及其每一段在文章中的作用。

透過作品文字技法的分析，學習者將能進一步加以模仿，並創作出新的作品。藉著分析、檢驗及模仿的過程，期待讀者能夠寫出架構平穩而多變的文章。

本章將會大量運用到心智圖法中的分類、水平思考、垂直思考、關鍵字，和「樹狀結構，網狀脈絡」、WIIFM的概念，忘記這些概念的朋友，不妨先翻回第一章做簡單的複習。

壹

文章架構基本原則

文章架構分類方式林林總總，令人眼花撩亂，但其實萬變不離其宗，只要掌握基本架構方式，在寫作上就能靈活運用。

架構完整文章的第一步，就是學會靈活運用起承轉合。明末清初著名文人金聖歎曾說：「詩與文雖是兩樣體，卻是一樣法。一樣法者，起承轉合也。除起承轉合，更無文法。」金聖歎這句話雖然誇張了些，文章架構的方式若全從起承轉合四字分析也不免偏限，但從這段話中，可以看出起承轉合在文章寫作上的重要性及運用的廣泛性，所以，正確建立起承轉合觀念，對於寫作起步者絕對大有幫助。

雖然起承轉合大家都會說，但究竟該如何運用呢？在這個部分，我們將深入探討起承轉合的使用方式。

什麼叫做「起承轉合」呢？簡單來說，起，就是整篇文章的開端，寫作者通常會在起的部分埋下線索、提出問題或簡單表明立場，以利接下來能夠進行闡述；承，是接續開端的內容，進行更深入完整的說明；轉，是從不同角度切入主題或轉入另一種層次的探討，讓文章論點更周延、層次更豐富；合，則是將前面的情節論點做收結或呼應。

在作用上，起是整篇文章予人的第一印象，承和轉是整篇文章的主體，合則決定文章是否有餘韻和「後勁」；在篇章比例上，起像是人的頭，合是人的腳掌，承和轉則是人的軀幹和四肢。安排篇幅時，一般會將主要篇幅留給承、轉兩部分，起和合則以簡要明快為主，才能給人俐落不拖沓之感。

在分段技巧上，有些人以為起、承、轉、合既是四個部分，文章只要分成四段即可，其實大謬不然。每一個部分，只要有一個完整的論點，都可以進行收結並開啟新的段落。剛開始練習寫作時，當然可以先用四段當基礎架構，但當練習到一定程度，就要試著破除四段的侷限，在文章中放入更豐富的思想內涵，同時學會用不同段落來區隔不同的層次或論點，善用分段，讓文章更條理分明，閱讀起來更輕鬆。

在內容安排上，建議主要闡述擺在承、轉兩部分，合的部分則做收結、呼應或最後提出省思、展望。部分寫作者習慣在最後一段又提出新論點，然後直接作結，這種手法容易讓最後一段篇幅顯得臃腫，也會使讀者覺得突兀，彷彿前面故事尚未結束，又展開一個新故事，在還沒有搞清楚狀況時，卻同時劃下終點的感覺。而因為直接作結，寫作者往往只會記得做最後一段論點的收尾，導致前面論點收束不完全。新論點和結尾擠在同一段，也常導致很多寫作者論述或收結都很潦草，所以這種寫法要盡量避免。

此外，很多人都以為轉就是正反相對論述，這種觀念並不完全正確。事實上，轉有很多種變化的方式，從正面論述轉向反面批評是轉，從對具體事物陳述轉入人生啟示是轉，從單一事件轉向大範圍概念亦是轉。就像人要轉向，可以向左、向右、向前、向後，甚至向左後、左前等方向轉一樣，轉折技巧千變萬化，只要層次有所不同、論述方向改變，甚至書寫策略變換，都可以納入轉的範疇中。在閱讀他人作品及自行書寫時，可特別注意轉折技巧的運用。

了解起、承、轉、合的概念後，接下來我們就要閱讀範例，透過範例的分析，觀察起、承、轉、合的各種不同變化。

【範例一】我心目中的巨星（南崁高中／向明威）

戴著大大的紅鼻子，用顏料塗上一抹誇張的笑臉，他在街邊擺起攤子，捕捉過路人們的目光，一顆顆鮮豔氣球和把戲，使得來過的人的表情由陰鬱轉為晴空萬里。

他那如失去彈力的彈簧般的頭髮，彷彿被雷電劈過，看著，就像嗅到一股燒焦的氣息，但他仍是笑著，就像安上了無限能源的太陽燈。桌上的道具琳瑯滿目，最令人印象深刻的是一頂舊式長禮帽，只見他拿起帽子，將空如黑洞的帽底向周圍期待目光展示了一遍，接著將帽子在手中把玩一陣，最後將手伸進帽子裡，時間靜止了，圍觀的目光就這麼盯著他，恍若有一世紀那麼久，四周街道熙熙攘攘的人車也如凝結一般……，直到他伸出了手，就像宣告時間繼續的信號，於是，車輪轉動了，人們繼續朝著目標邁進，地球也繼續轉動，而盼望的目光，終於盼到了——他的手上，抱著一隻蓬鬆雪白的兔子。

於是，人們心中出了太陽，在心靈的草地上，開滿了五彩的花朵，他們忘了煩惱和憂愁。他再度伸出帽子，收取創作的回報。從早晨到黃昏，人潮來來往往，許多憂傷的人經過這，都帶著快樂離開。

他是帶來歡笑的人，是掩埋煩惱的人，是我心目中最偉大的巨星。

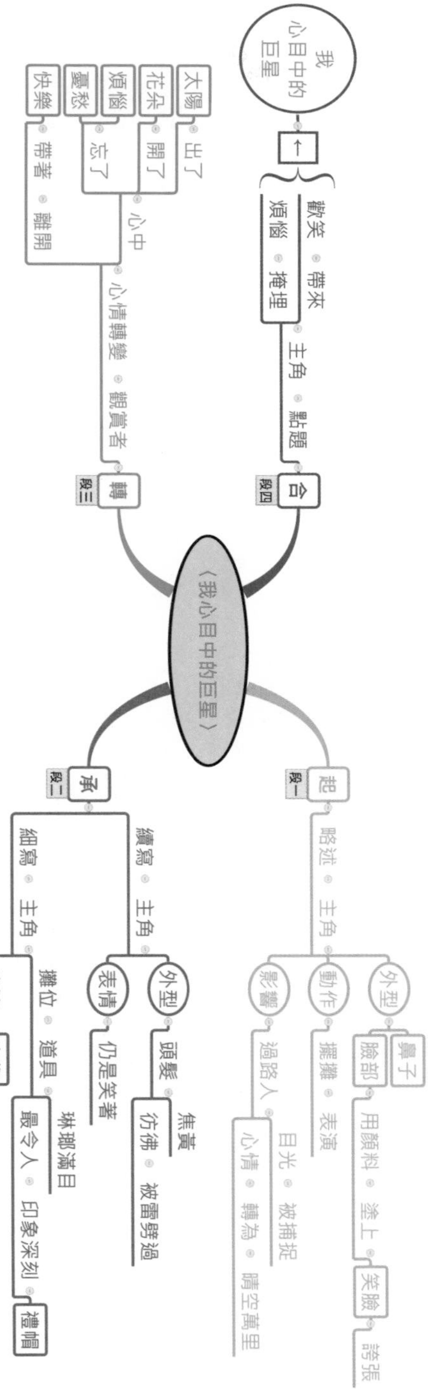

這是一篇標準四段結構的短文。

第一段作者先以寥寥數語，略述主角的外型、動作和對過路人的影響，暗示他「心目中的巨星」乃是一個做小丑打扮的表演者，以特殊的取材，引起讀者的興味。

第二段承接第一段，續寫主角的頭髮焦黃，看來並不得意，但卻「仍是笑著」。接著用聚焦的方式，從琳瑯滿目的道具漸漸集中到長禮帽，再從長禮帽寫到主角精湛而令人屏息的魔術表演。

第三段轉入觀賞者的心情轉變，用心中「出了太陽」、「開滿了五彩的花朵」來刻畫觀賞者陰鬱一掃而空的狀態，也強調出主角表演的神奇力量。

第四段則是呼應前三段，強調主角「是帶來歡笑的人，是掩埋煩惱的人」，並且點出主角即是「我心目中的巨星」。篇末點題，前後呼應，結構完整。

【範例二】離別時刻（南崁高中／彭暄）

母親說：「該是時候離開了。」她的聲音從後方的車上傳來，我拖著沉如大石的步伐，離開公園的榕樹下，我想——真該是離開的時候了。

我搬了家，遠離了熟識公園的那棵榕樹，如果能夠，我願化作樹下的一片落葉，隨風繞著他舞蹈。只可惜，我只能從車窗望著榕樹，望著他輕揮枝椏向我道別。

從前，我總愛坐在榕樹下，任由他的鬍鬚搔癢我，輕柔地逗弄著年幼的我。無論歡喜或失意，我老愛靠在他身旁，向他吐露心事。

現在，我要離開他了。天正藍，藍得奇特，彷彿是榕樹要我不要難過，所以要天空特別蔚藍晴朗，試圖開朗地與我道別。但，紛紛的落葉，卻洩露了他的依依、他的惜別。

或許，在將來的某一天，我還能再像從前，倚靠在他身邊，我深深地相信著。

但如今，關起車門，我只能看著榕樹越來越遠，直到轉角分隔了我們。我轉過身坐穩當，細細地說：「榕樹再見，我會想你。」遠處，依稀傳來榕樹輕柔的聲音：「珍重再見。」

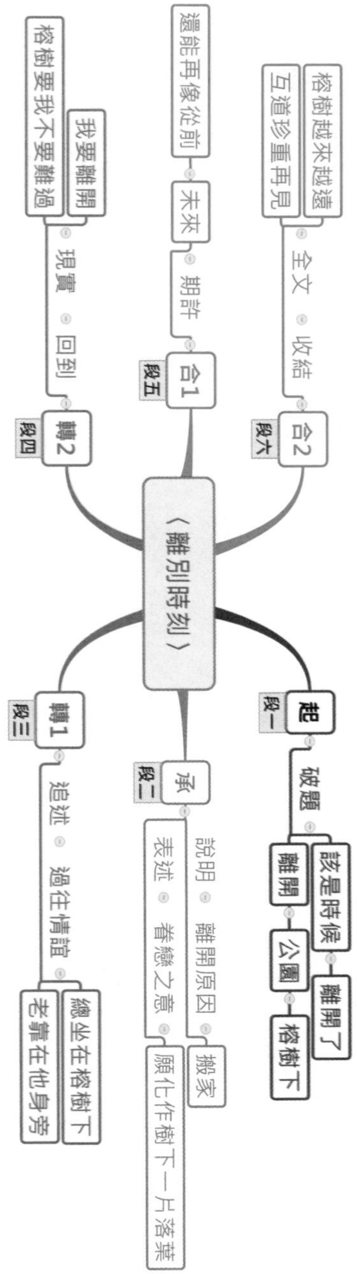

這篇〈離別時刻〉是用今昔情景轉換來凸顯離別時刻依依難捨的主題。

首段提到「該是時候離開了」直接破題，帶出下面的內容，是「起」。

第二段說明離開原因及表達對榕樹的眷戀之情，是承接第一段的「離開」，屬於「承」。

第三段轉入過往與榕樹相處的點滴，是第一次轉折。

第四段又轉回離別當下的情景，以景襯情，是第二次轉折。

第五段表達未來能夠再像從前的期望，是第一次對全文的收結。

第六段則再次收束，既再次點明「離別」的主題，又使「離別時刻」正式終結，是第二次的「合」。

綜觀全文，篇幅雖不長，但有景有情，情景交融，而榕樹亦有情的揣想，使得文章有「我見青山多嫵媚，料青山見我應如是」之萬物有情的意境，作者巧妙地利用起承轉合，寫出一篇小巧卻精緻的文章。

【範例三】走路（板橋高中／徐鈺庭）

走路，你是否在靜謐夜晚一步一步的感到孤獨？走路，你是否在混亂人群中一步一步的迷失自我？走路，你是否在溫暖晨曦中一步一步獲得解放與省悟？

狂歡是一群人的孤獨，孤獨是一個人的狂歡。我發現：當我一個人走在熟悉的路上而身旁卻連一個人都沒有的時候，我一點也不孤獨，那的確是我自己一個人的狂歡，我可以思考自己的思考，狂歡自己的狂歡，不需與他人高談闊論。

在群體中走路，其實不一定走在自己的方向，有時甚至會迷失自我，所以我願追隨梭羅的想法，當我聽到屬於我自己的鼓聲，我不會留戀群體的腳步，我要走出我自己的路！

在溫暖晨曦中，我可以選擇快步走過，去享受自己創造的風；又或者我可以放慢腳步，以雙眼欣賞美景，此時，正是思慮最清晰的時候，我也常在此時反省著昨日的錯誤，並在得到解決方法時，獲得省悟和解放。

走路，不一定是雙腳一步一步的向前走，在人生旅途中，每一分每一秒，時間都不曾停下腳步，而我們人，有些選擇原地踏步，有些選擇走回頭路，有些選擇大步邁向前，其實這都只是不同的選擇。

走路，情境也是自己的選擇，孤獨和狂歡，我選擇了狂歡；迷失和自我，我選擇了自我；快走或慢步，我選擇了兩者兼顧。我終於明白，路為何是人走出來的，因為做選擇的，一直都是自己，而不是上天。

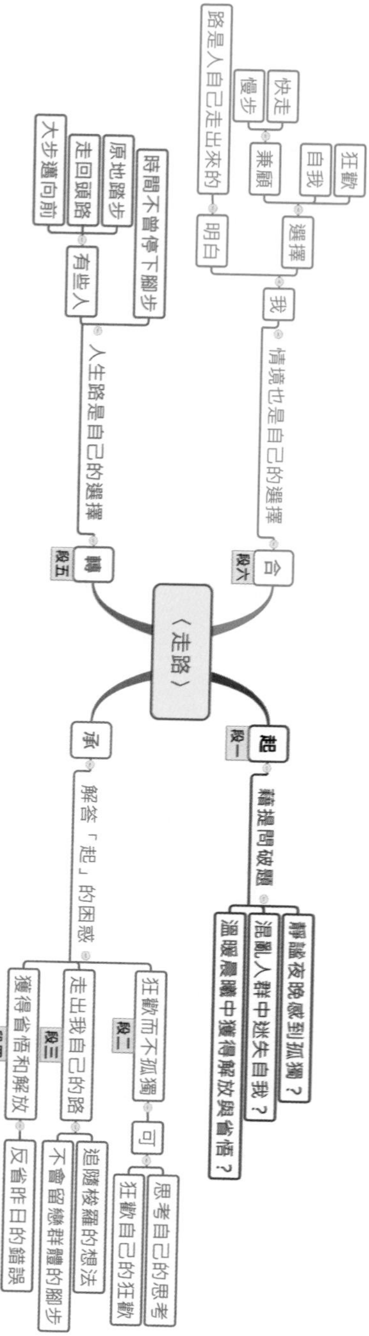

本文作者在第一段提出關於走路的三個思考：是否孤獨？是否迷失自我？是否獲得解放與省悟？第二、三、四段分別承接第一段的三個問題，並一一地做出闡述與解釋。第五段從有形的走路動作轉入「人生之路」，帶出每個人選擇人生之路不同的思考，末段藉著「情境是自己的選擇」收結全文，除呼應前五段外，也抒發自己「做選擇的，一直都是自己，而不是上天」的體悟。

【範例四】堅持（梁容菁）＊此篇架構仿98指考作文〈惑〉佳作架構

小草，因為堅持，可以衝破石礫自由呼吸；水滴，因為堅持，可以穿透崖壁繼續前行；駑馬，因為堅持，可以突破限制遠致千里；鮭魚，因為堅持，可以溯流千里，使後代得以延續；梅花，因為堅持，可以在眾芳搖落時，仍鮮妍獨立。

長林古壑，蟬鳴鳥語，若你側耳細聽，你會發現：整個宇宙，似乎隨處都在低低輕吟，輕吟著關乎堅持的故事與奧秘。

擷取天地精華而有靈的人類，啜飲著自然界的甘霖，在不經意的一言一動中，也閃現出堅持的生命況味。於是哥倫布因為堅持，終而發現新天地；司馬遷因為堅持，完成不朽鉅作《史記》；麥可．喬丹因為堅持，成為美國職籃一頁傳奇；林書豪因為堅持，創造出屬於他的「林來瘋」奇蹟。

堅持的光采如此絢爛，不能堅持的人們就成了他人或嘆惋或唾罵的對象，「捲土重來未可知」就是為楚霸王項羽深深的嘆惜；「生兒不象賢」同情劉備的同時，也對不能堅持到底、持守父業的劉禪進行嚴厲的批評。

然而，堅持真是唯一真理嗎？

巍峨的巨木，總是遭受到第一道閃電的劈擊；剛強的岩石，總是得承受海浪最大的衝力；逆流歸鄉的鮭魚，在旅途中得折損大量同伴、甚而折損自己。文天祥因為堅持不降，所以斷送生命、斷送才華發揮的可能；王安石因為堅持自我主張，導致內鬥不斷、小人趁機崛起；伯夷、叔齊因為堅持不食周粟，所以餓死首陽山，失去展現才華的機會。

堅持，它可能變成剛愎，讓事情失去轉圜的餘地。

原來，自然從不偏於一端，它總是在最適切的時機表現出最合宜的態度，它有堅持，但從不忘柔軟，如衝破石礫的小草、穿透崖壁的水滴，它們永遠擁有最柔軟的身段。所以，我們仍須堅持，不僅為了符合自然，也為了回應來自內心的呼喊。只是，在這之中，需加入適度的柔滑潤澤劑，如梅花雖在寒風中傲然屹立，但仍會等待適合的氣候；如駑馬即使願意十駕，也應適度的休息。

是的，堅持需要柔軟的調和，但在面對生命重要抉擇時，我們仍要「堅持」，堅持活出自身生命的意義，如鮭魚的義無反顧，如文天祥的庶幾無愧。

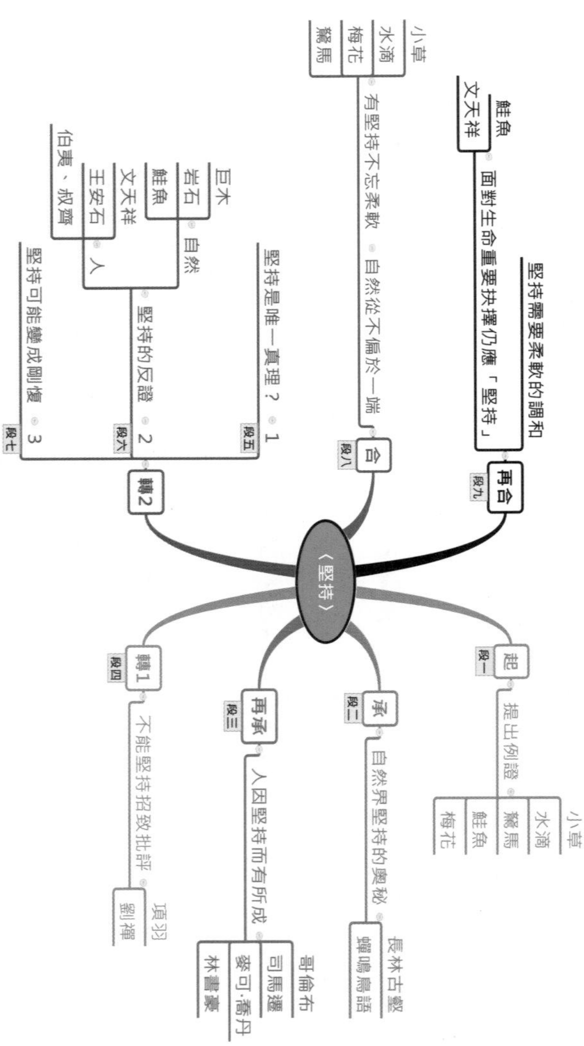

此篇文章共有九段，根據文義，第一段舉了五個例子來帶出「整個宇宙，似乎隨處都在低低輕吟，輕吟著關乎堅持的故事與奧秘」的論點，是屬於「起」的部分。

二、三段分別從自然及人文角度說明主題「堅持」，承接第一段論述，屬於「承」。

第四段是第一次轉折，接續著二、三段的正面論述，反過來批評不能夠堅持者。

第五到七段則是第二次轉折，一反前面四段對「堅持」的正向肯定，質疑過於「堅持」可能導致的弊端。

第八段針對前面七段論點，提出折衷的解決之道：「有堅持，但從不忘柔軟」，這是第一次收結。第九段則承接第八段的論點，再次強調，並在最末強調面對生命重要抉擇時，「堅持」的重要，收束全文。

【範例五】讀《你的孩子不是你的孩子》有感（梁容菁）

我很喜歡跟學生分享「快樂井」的故事：

有一個國家，擁有一口喝了會讓人飄飄欲仙的「快樂井」，全國上下都喝了這口井的井水，除了國王之外。清醒的國王看著這群百姓，感到無限恐懼，因為他知道：喝了井水的百姓全都瘋了！但在百姓的眼中，國王才是不折不扣的瘋子！愛戴國王的百姓們終於想出了一個解決之道，就是——讓國王也喝下井水。瘋狂的百姓們綑縛國王到井邊，逼國王喝下井水，受不了精神壓力的國王終於喝下了井水，然後舉國上下同歡。

故事在此戛然而止。

講述這個故事時，我的焦點常擺在「選擇」與「壓力承擔」上。常常，我們覺得自己是對的，可是，當十個、二十個甚而一百個人都告訴你：「你是錯的！」你還有勇氣做自己認為對的事情嗎？

孩子的反應常是誠實的搖頭。

別說孩子，連我自己的答案也常是否定的。

今天看了一本很棒的書——《你的孩子不是你的孩子》，書中內容主要是作者分享她兼家教多年看到的「被考試綁架的家庭」的故事。難能可貴的是，作者抒寫學生心情的同時，也常不忘觀照體貼家長的心境。

被綑縛在期待下的孩子是痛苦的，但身為綑縛孩子的「凶手」——父母，他們其實也非常不好受，因為他們和孩子一樣，必須承載社會眼光甚至家族長輩的壓力，父母要承受的，是另外一場的「人生考試」，考試成績的好壞，是孩子成就的高低。他們雖然愛孩子，但因為牽扯到現實，於是，愛就變得有條件了。他們之中有些人成為快樂國的人民，陷入為成績狂喜狂憂的狀態而不自知；有些人則成為迫於壓力而服用井水的國王，明知不對卻選擇往安全的路上走，拉著子女陪整個社會一起玩分數遊戲。

這當中，只有極少數極少數，能夠從中警醒，然後選擇逃離。

而我，身為一個教師，也有著類似家長的心情。我知道分數從來不能保證幸福、不能保證快樂、不能保證成功，但當孩子表現不如預期時，我又不禁陷入焦慮，檢討著孩子，也檢討著自己，懷疑自己是不是哪裡做得不夠好。我討厭這樣子焦慮且會傳遞焦慮並受到其他人眼光影響的自己，但又不夠勇敢，能夠完全不顧他人的言語，所以，明明知道不應該太在乎成績，並且努力自我提醒，但還是常常陷入犯錯，然後再修正，然後再犯錯，然後再修正的無限迴圈裡。

在書裡，我看見自己的部分縮影：有時成為那瑟縮、恐懼、悲傷又充滿不平的憤懟小孩；有時變成那在社會壓力中軟弱妥協卻又不自知的可悲大人；有時又成為那夾處在孩子及家長間無可奈何的家教老師。我看見學生被比較、被傷害的痛楚，也看見家長失落而焦慮的無奈。

整個社會是一口大井，豢養著許許多多的快樂假象，即使有朝一日清醒過來，那曾飲下的井水餘毒仍潛伏在血液中伺機而動，怪不得魯迅要寫〈狂人日記〉，要說「禮教吃人」，要大呼「救救孩子」！什麼時候，我們才能破除執念，找到對待孩子的正確方式呢？

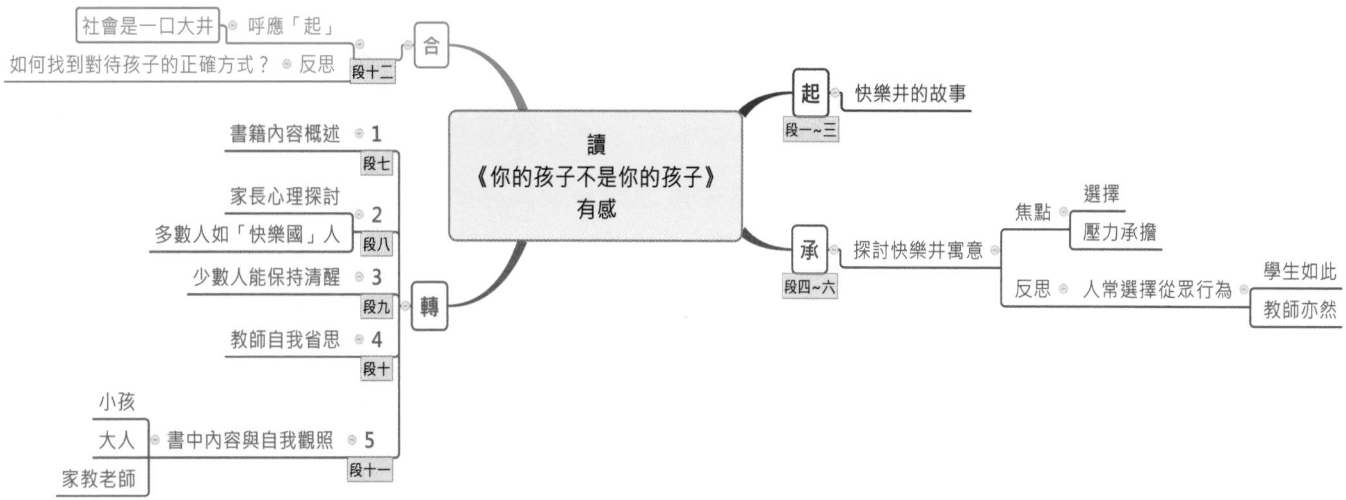

本篇文章是一篇讀後感，根據書中內容來提出自我觀點及省思。

文章一開頭使用冒題法，講述「快樂井」的故事，引起讀者興趣，屬於「起」。

段四至段六，承接段一至段三所講述的故事，省思自身及學生對於壓力承擔及抉擇的態度，發現一般人多數會如故事中的國王般，選擇從眾行為，這個部分承接了快樂井的故事，進行寓意的探討與反省，屬於「承」。

段七至段十一的部分，則轉入對書籍內容的探討，除了針對書中提到論點做思考，也結合了社會現實中對家長、孩子的觀察，再加上作者自身成長經驗及做為教師的反省，並同時呼應首二段快樂井的故事內容，讓人了解故事與所要探究主題的關連，屬於「轉」的層次。

最末段收結全文，再次強調「整個社會是一口大井」，呼應《你的孩子不是你的孩子》所探討的「被考試綁架的家庭故事」主題，提出「什麼時候，我們才能破除執念，找到對待孩子的正確方式呢？」的省思，呼應並總結全文。

綜觀前面五篇文章，讀者可以發現：「起」可以直接提出論點、可以使用故事、可以提出例證……；「承」雖是承接「起」，卻有各種不同的承接方式，可以直接就提出的觀點、角度進行深入闡述，也可以表面上另起爐灶，思想上卻遙遙呼應……；「轉」則可以由今入昔，可以由泛論轉入深入討論，可以從他人觀點轉入自我觀點，可以從引述的故事轉入探討的主題……；「合」雖是收束全文，但亦有不同的收束方式，可以收結故事，可以期許未來，可以提出質疑造成反思……。短短「起、承、轉、合」四字，卻有無限運用的奧妙在其中，讀者可以多閱讀，藉著閱讀，觀察他人的作品，拓展自己的寫作視野。當然，無論再怎麼變化，還是要謹記我們在第二章再三叮嚀的：絕對不能偏離中心主題。

貳

檢查文章線索

知曉如何運用起、承、轉、合來架構文章後，緊接著，我們就要進一步認識檢查文章線索的方法。

相信很多人都有以下的經驗：讀了一本讓人欲罷不能的長篇小說，或者是看了一部令人沉醉的電影，可是到了結局的時候，你的感想卻是：「某某某呢？他最後為什麼突然不見了？」、「那件事最後到底是怎樣了？為什麼沒有交代啊？」、「這是什麼結局？根本和前面完全搭不上啊！太莫名其妙了！」當這些情況出現時，真的會叫人捶胸頓足。而觀看者的「沉迷指數」越高，出現這種情況時，「憤怒指數」也就相對飆高。會出現這些情況，撇除觀看者因結局不符自身好惡期待而引發的反彈情況，其餘質疑的產生，很顯然是寫作者及編劇者忘記或沒有處理好文章或劇本中曾經鋪陳的線索所造成。

所以，寫作文章時，一定要時時自我提醒「自己鋪的梗要自己收」，也就是要養成檢查文章線索的習慣。

文章線索要如何檢查呢？

很簡單，只要善用「樹狀結構，網狀脈絡」的原則，就可以輕鬆檢驗自己的文章論點是否收束完全。

利用心智圖檢查文章線索可分為三步驟：

(1)檢驗各段是否切題

確定各段都有緊扣主題立論，沒有偏題的情況發生。

(2)利用心智圖「樹狀結構，網狀脈絡」的原則，畫出文章心智圖

將文章分出「起、承、轉、合」後，繪出心智圖的樹狀結構，再利用關連線找出各段間的網狀脈絡，藉此觀察各段間的呼應關係。

(3)檢視論點是否有所遺漏

最後檢查文章各段的論點是否有彼此呼應，並且確定論點在文章結束時已全數處理完畢。

運用心智圖「樹狀結構，網狀脈絡」的原則檢視文章，可以看出各段之間的關連，而一旦有所疏漏，也能看得相當清楚，藉此避免發生掛一漏萬的寫作弊端。

接下來，我們就依上述三個步驟，將第壹部分的五篇範文做進一步分析，檢驗各篇文章的線索處理是否完整。

範例一——我心目中的巨星（南崁高中／向明威）

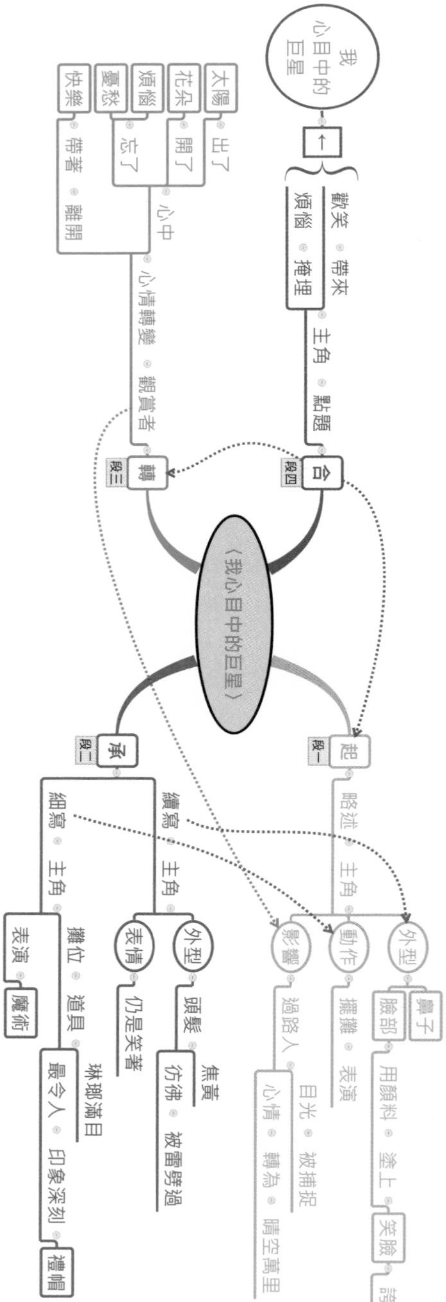

首先，檢驗此篇文章是否切題。

整篇文章，集中描寫作者「心目中巨星」的形象、動作及帶給周遭人的影響，並在文末點題，切合題旨。

接著我們根據心智圖的關連線，觀察各段間的呼應關係。

第一段針對主角的「外型」、「動作」及「對過路人影響」做總起，在承、轉的部分，作者對這三點都做了處理，最後一段則對前文有所呼應並做總結，是一篇線索處理完整的文章。

範例二——離別時刻（南崁高中／彭暄）

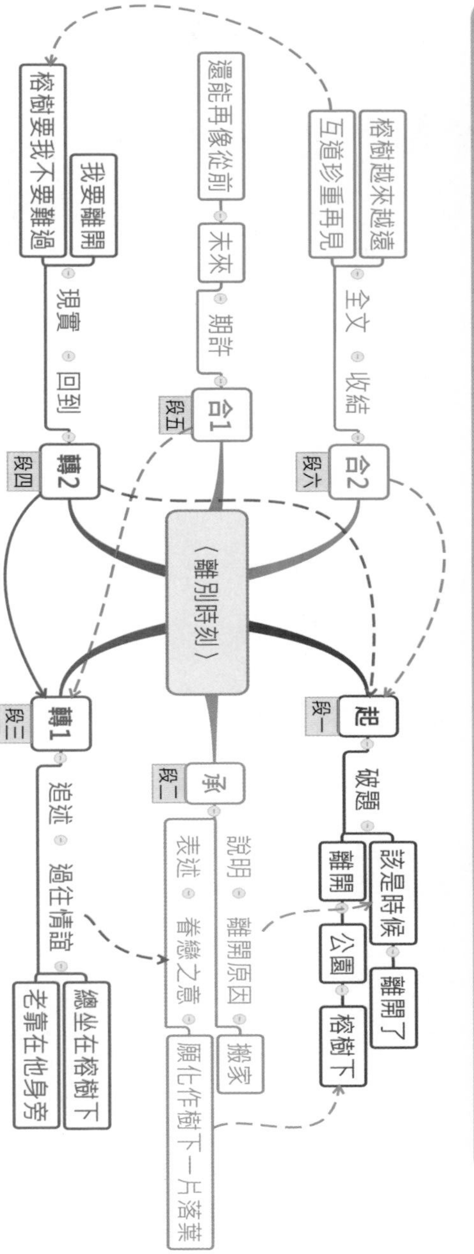

此篇文章在第一段就破題，接下來都緊扣著「離別時刻」的不捨情懷做描述，相當扣合題目。

從心智圖中我們可以看出文章結構及脈絡。

作者在第一段點出其離別不捨的對象乃是「榕樹」，而在承、轉的部分，作者除說明離別原因外，並從過往、現今來描寫她和榕樹的情誼。

最後歸結到主題——「離別時刻」，表明渴望再像從前的期待，無疑地是一篇架構完整的文章。

範例三——走路（板橋高中／徐鈺庭）

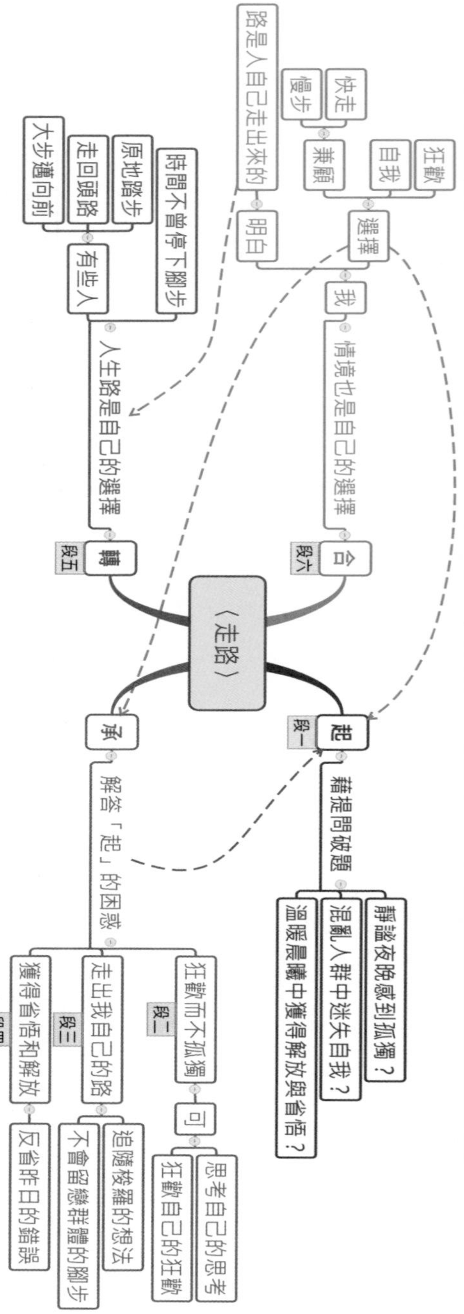

同樣地，我們依照第二章的審題原則來檢查文章是否切題。

題目是走路，而瀏覽全文後可以發現：此篇文章的核心論點，是藉著走路來思考生命的自我抉擇。作者在安排文章時，每一段都是在討論關於「走路」的種種，且每一段都與抉擇相關，段段都扣緊題目及核心論點立論。

從心智圖中我們可以看出：第一段提出的三個困惑在二到四段中獲得處理，第五段則轉入更深入的人生層次做探討，末段完全呼應前五段，且思考有層次的變化，是一篇銜接流暢、結構完整、層次分明的文章。

範例四——堅持（梁容菁）＊此篇架構仿98指考作文〈惑〉佳作架構

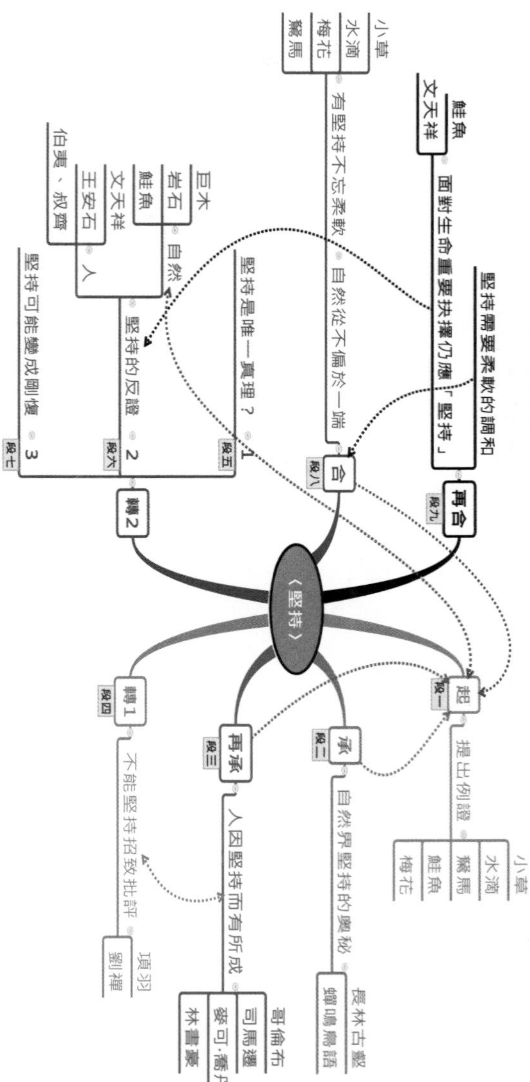

觀察文章架構後可以發現：各段都是扣緊「堅持」立論，文章很切題。

而從心智圖中可以發覺：「起」是從正面立論肯定堅持的價值；「承」則接續「起」的概念做更進一步闡述；「轉1」從反面批評歷史上不能堅持而導致失敗者，與「起」和「承」的論點形成對比並遙相呼應；「轉2」則點出堅持可能會造成的弊端，其使用論據恰恰是「起」用於正面立論者，對比鮮明；最後「合」提出折衷的解決之道，使「起」、「承」、「轉」的論點都有著落處，是一篇結構完整、論點鮮明的文章。

範例五——讀《你的孩子不是你的孩子》有感（梁容菁）

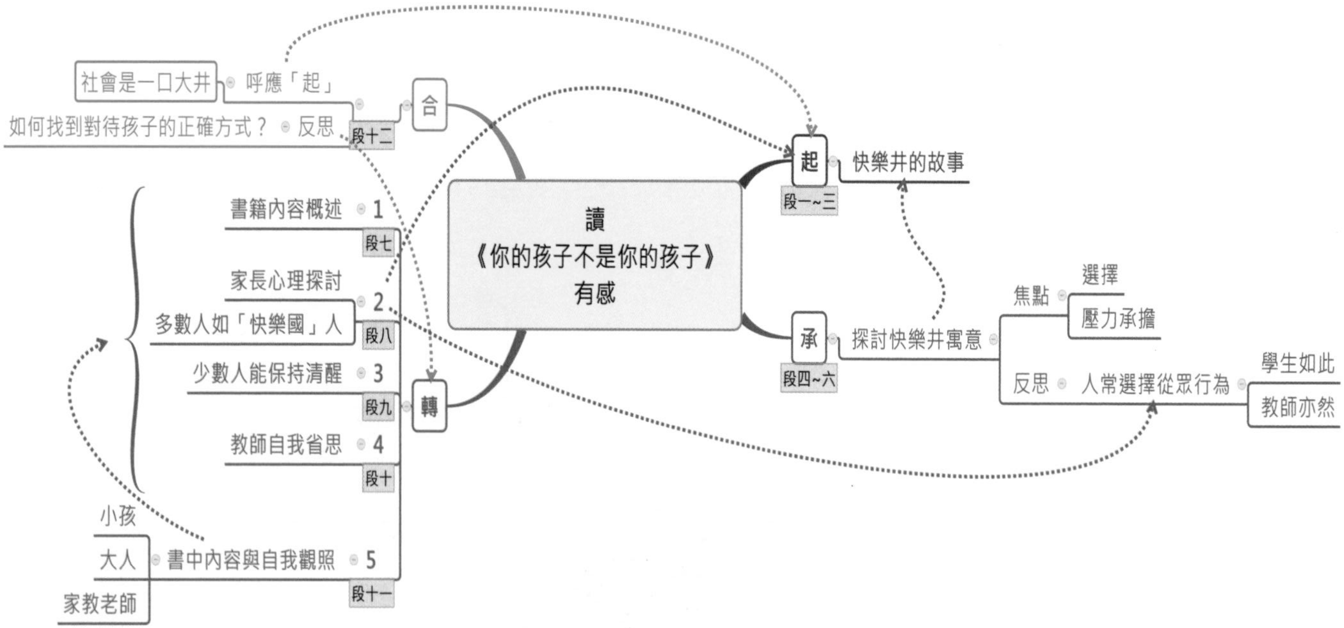

文章是一篇讀後感，各段或書寫閱讀心得，或論述文章內容，十分切題。

同樣地，透過心智圖，我們可以發現：作者在「起」的部分以「快樂井故事」開頭，「承」、「轉」、「合」都以此故事為軸心討論本書。「承」的部分接續「起」的故事內容進行寓意討論；「轉」將焦點擺在書中內容的省思及觀照，並在其間閃現「起」、

「承」的論點；「合」的部分則對全書主題做思考收結，與「起」的故事遙相呼應，亦是一篇架構完整的文章。

透過前面五篇範例的分析，相信大家對於如何檢查文章線索已有大致概念，學會檢查文章線索，除了可用在賞析他人作品外，如果能在寫作時，將這個概念運用在其中，對書寫架構完整的文章將會大有幫助。

此外，若能將檢查文章線索的技巧運用純熟，即使不畫心智圖，在書寫的過程中，心中也自然會有一幅能夠自我檢驗的心智藍圖。如果手邊有以前的作品，不妨用這個方法檢驗自己的文章，多試幾次，很快的，你就可以進階到即使不畫心智圖，也能完整覺知到自己的論點是否完整的境界。

參

提升文章架構與鑑賞能力

學會了如何區分起、承、轉、合，如何找出文章線索，在本章的最後，我們仍將以第壹部分提供的五篇文章為範例，示範如何繪製出分析他人文章技法的心智圖，讓讀者可以此為藍本，進行文章技法分析及仿作的練習。

要做出一張可用以仿作的文章架構心智圖並不難，要訣在於繪出文章的起、承、轉、合及找出彼此呼應關係的心智圖後（繪製步驟請參見本章第壹、貳部分介紹），跳脫出原作者文字層面的思考，去找尋其隱藏於文章背後的幾個訊息：

- 作者寫作此段所欲達到的目的為何？
- 此段所運用的寫作技法為何？
- 此段是否有好用的掛鉤？（掛鉤請參見第三章第肆部分介紹）
- 各段彼此的關係為何？

在分析時，利用「WIIFM」的概念，試著自問：這一段在全文中的作用及目的是什麼？是破題？是表達主旨？是承接上一段論點進行闡述？還是要呼應收結全文？各段所使用的寫作手法又是什麼？是修辭？是舉例？還是純粹白描？如果用的是修辭，它用了哪些修辭？如果是例子，作者舉例的方式有沒有什麼特殊技巧？如果是白描，作者又是怎麼將情境描寫得如在目前？文章好在哪裡？能夠學習的地方又在哪裡呢？在這其中有沒有什麼可以觸動聯想的掛鉤可供運用？

分析完文章寫作技巧之後，依原文章的起、承、轉、合架構畫成心智圖，但呈現在心智圖的關鍵字改以該段在文章中的作用及寫作手法為主軸，就可以完整呈現原來文章的架構方式，並看出各段在文章中的作用及所運用的技法。完成後，就可以用這張心智圖為藍本，在寫作新的題目時做為模仿的架構。

建議讀者在閱讀範例解析之前，先自行練習分析五篇範例文章的技法，這樣才能有主動思考的機會。而因為每個人掌握的重點難免有所出入，如果做出來的成果和範例解析不同是很正常的，不需要覺得喪氣灰心。此外，每篇範例心智圖後面都會列舉幾個可供練習的題目，也建議每個架構至少挑一個題目做文章仿作練習。

在進行文章仿作時，要注意「師其架構不師其文辭」的原則，不要一成不變，也不用照本宣科，分析出來的架構和技法僅供參考，寫作者可以根據自己的生命經驗、當下聯想，進行調整和自由發揮。

另外，有些讀者可能會擔心做這樣的練習，將會寫出跟大家都一樣的文章，其實大可不必擔心，因為每個人的思考模式、價值觀、知識背景等條件都大不相同，所以即使架構一樣，寫出來內容也會大相逕庭，而且並不是有好的架構就能夠寫出好文章，如果思想內容貧弱或缺乏真情實感，即使架構良好，文章也只會平平。

思考能力的提升，我們留待後面討論，在此不多做贅述。這個部分，只希望讀者能放心學習將來可自行活用的分析文章技法的技巧，以及確實進行文章仿作練習，因為「學習，必須從模仿開始」，在學步期間，學習他人的架構並不是件丟臉的事，等到學會了再融會貫通、自出機杼，屆時你自然能夠寫出獨具一格的文章。

範例一——我心目中的巨星（南崁高中／向明威）

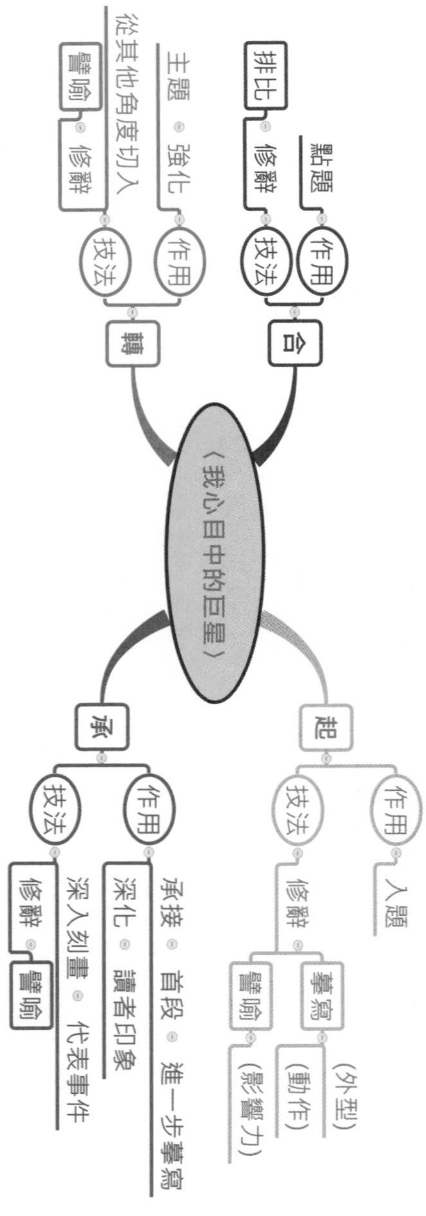

說明：心智圖中括號者，表示提醒仿作者可依當時的題目自行調整寫作方向。（下面的範例均同，不再另行提醒）

文章仿作參考練習題目：〈我最難忘的一個人〉、〈那一雙手〉、〈一次難忘的教訓〉、〈月光〉

範例二——離別時刻（南崁高中／彭暄）

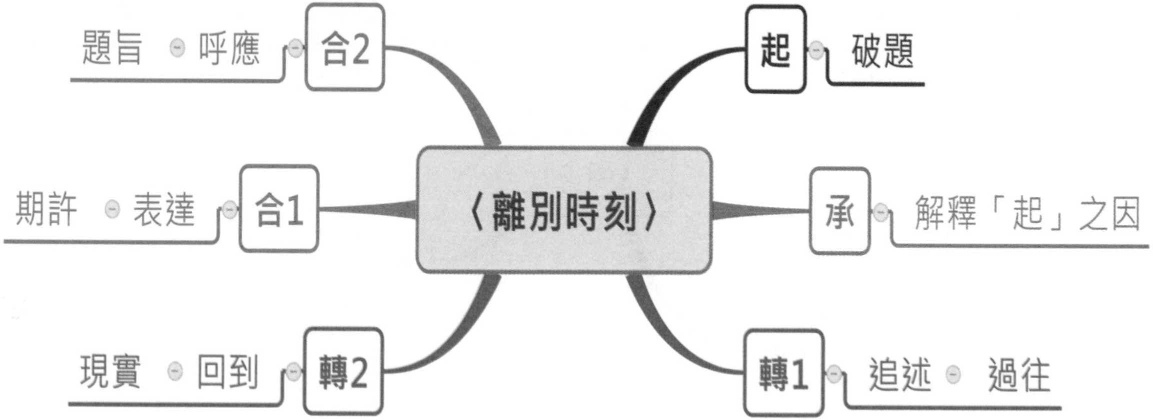

文章仿作參考練習題目：〈停電那一夜〉、〈如果可以……〉、〈生命的轉彎處〉、〈一幀舊照片〉

範例三——走路（板橋高中／徐鈺庭）

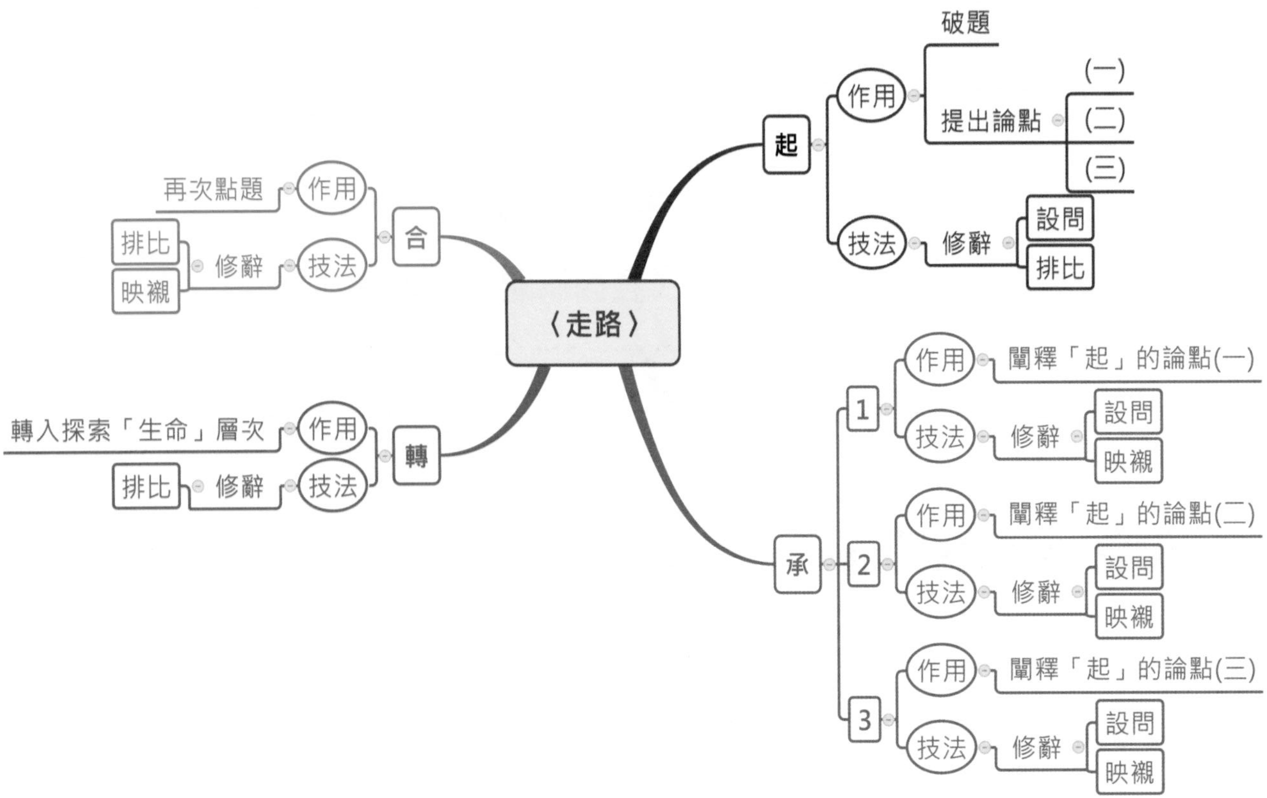

文章仿作參考練習題目：〈我的心靈花園〉、〈走過〉、〈尊重〉、〈探索〉

範例四——堅持（梁容菁）

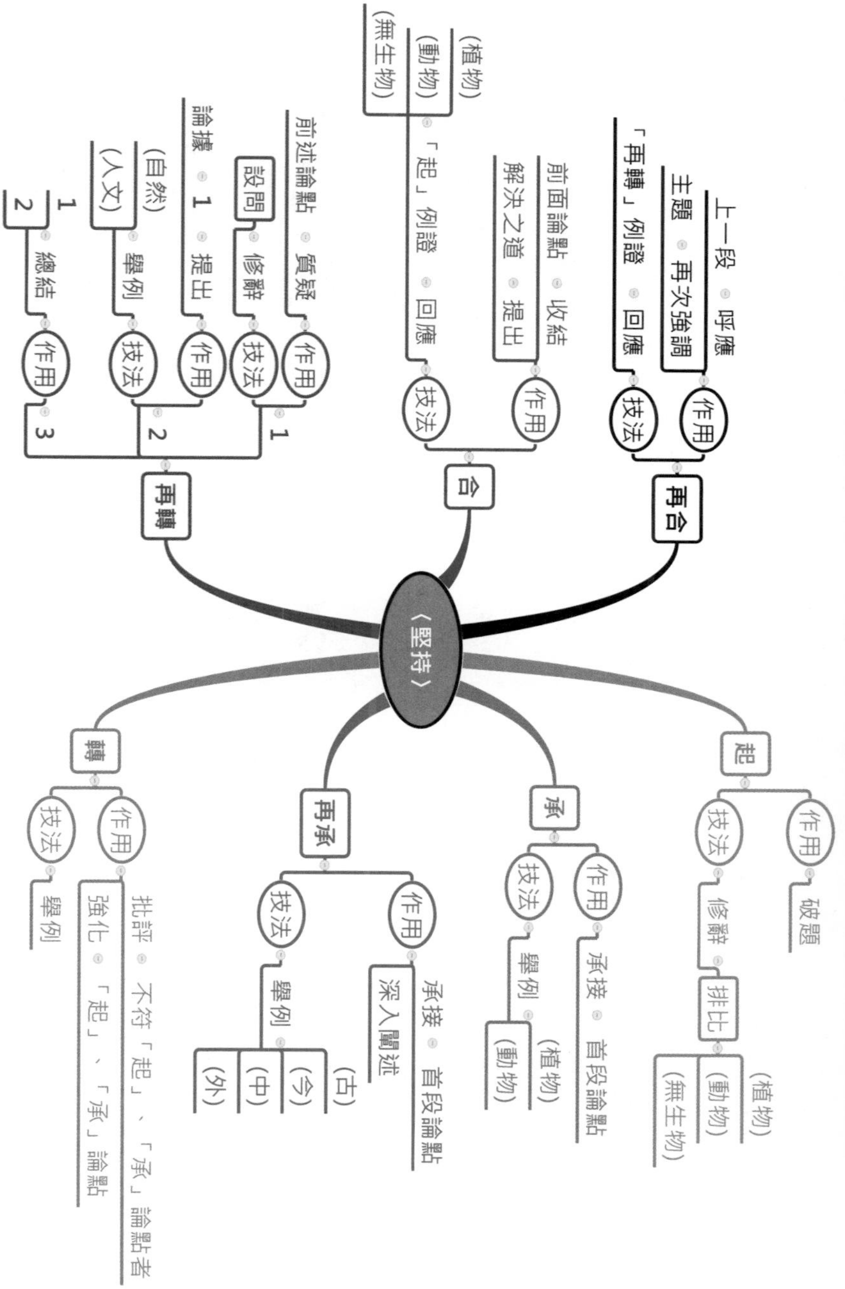

文章仿作參考練習題目：〈拒絕的智慧〉、〈分享〉、〈獨〉、〈成長〉

範例五——讀《你的孩子不是你的孩子》有感（梁容菁）

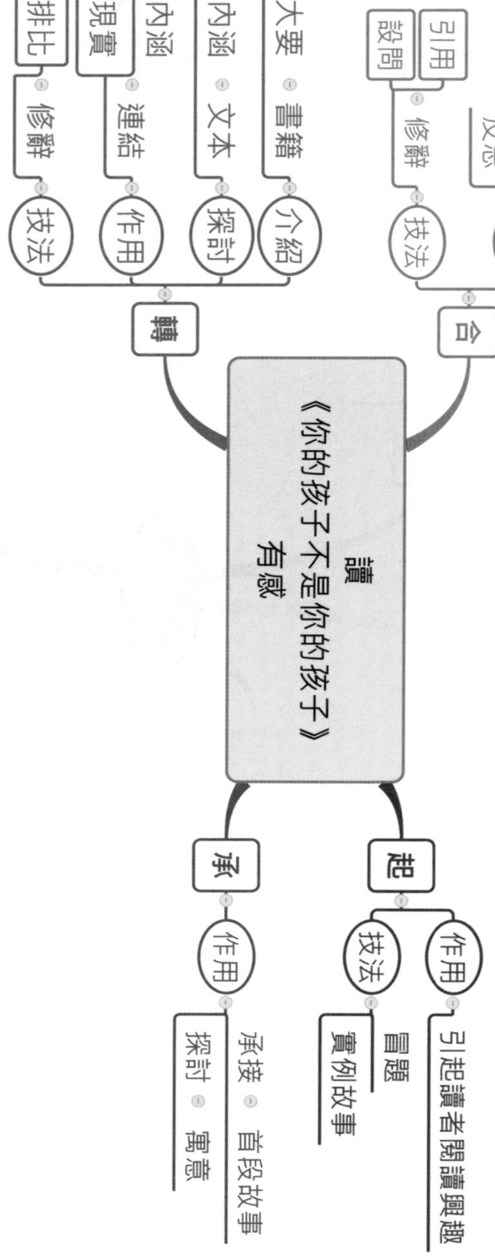

文章仿作參考練習題目：〈○○○○讀後心得〉

透過以上的分析，讀者應該會發現，如果能掌握起、承、轉、合的結構原則，具備檢查文章線索的能力，並且養成觀察各段在文章中的作用及其使用技法的習慣，要掌握一篇文章的架構方式，其實一點都不難。一旦具足分析文章架構及技法的能力，在寫作時要求自己寫出一篇架構平穩的文章就不再是難事了。

最後要提醒兩點：一是有些架構並沒有辦法一次就上手，需要多練幾次才會純熟，讀者不妨用同樣的架構、不同的題目多練習幾次，這樣架構就能深植心中。二是有些人學會一個架構後，就希望「一招打遍天下無敵手」，這是非常可惜的，如果只是為了應付眼前的考試或作業，當然一招似乎就已經足夠，但若是希望自己的寫作能力能夠真正提升，多認識、多練習幾個架構是必要的。

Chapter. 5

思維能力的培養與展現

相信大家一定遇過這兩種人：第一類人說話，會讓人覺得如聆梵音、醍醐灌頂，每一句都發人省思，每一個見解都令人驚奇不已，每當有疑惑時，忍不住就想找這些人商量，聽聽他們的高見；第二類人恰恰相反，每次開口總繞著差不多的事情打轉，說了上一句，你就知道接下來的長篇大論跟以往大同小異，雖然你總是保持禮貌微笑傾聽，但耳到心不到，只想趕快找個藉口逃之夭夭。

這兩類人的差異，跟人品、性格好壞等沒有關係，很多時候你可能覺得叨叨絮絮的第二種人其實人很好，可是話題就是如此狹隘淺薄，令人心生不耐；第一類人也許外表冷淡不易親近，但卻總是一針見血、一語中的。反應在寫作上，第二類人可能長篇累牘，寫出來的作品卻找不到太多特點，無法讓人留下深刻印象；第一類人也許言語精簡，但言簡意賅，令人見之忘俗，過目難忘。如果可以選擇，百分之九十九點九的人應該會希望成為第一類人，但要成為這樣的人，第一步必須具備好的思維能力。

事實上，心智圖就是個很好的思考訓練工具，習於運用心智圖的人，往往比一般人具有更清晰的邏輯思維、分類及掌握主題的能力，因此若想讓自己的思路更快捷清楚，首先應熟練心智圖的使用方式，並在工作、學習及日常思考時使用它，這是最基本的思考訓練。

熟習心智圖的使用後，可再從兩個層面進一步有意識地訓練自己的思維能力：一是思維範疇的拓展，二是思維層次的組織。

思維範疇的拓展就是盡可能擴展自己的思考層面，讓思考更多元、更全面；思維層次的組織則是讓自己的思考能夠有邏輯及層次。以心智圖的概念來說，思維範疇的拓展（上圖示）即是讓水平思考所呈現的主幹更多元；思維層次的組織（下圖示）則是利用垂直思考來進行自我檢驗，確保每一個意見都能切合主題，敘述能有條不紊、合乎邏輯。

拓展思維範疇，可運用雙值分析雙向思考的概念及六頂思考帽的原則進行訓練；思維層次的組織則可利用位階變換的垂直思考方式來協助培養。接下來，我們就針對這兩大部分進行討論。

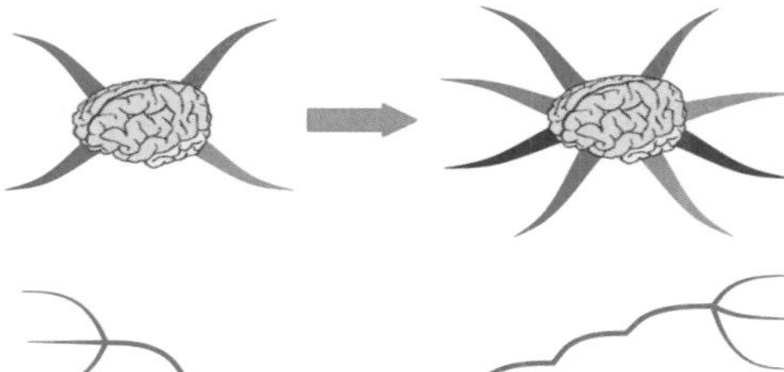

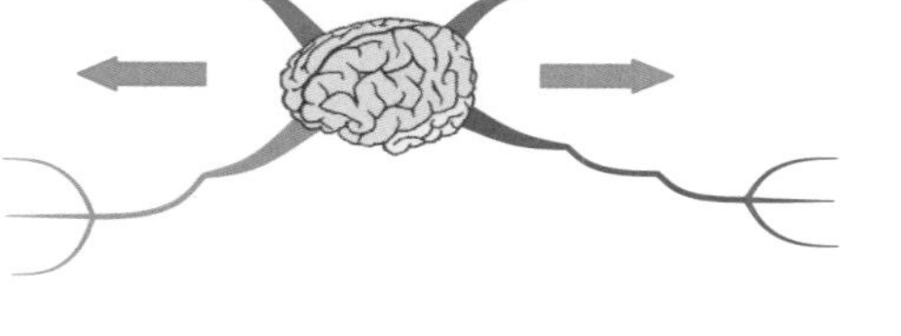

壹

拓展思維範疇

第壹部分，我們將討論重點擺在如何利用雙值分析的雙向思考特性及六頂思考帽來拓展思維範疇，並將其運用在寫作思考上。

一、雙向思考能力的培養

在第一章時，我們曾介紹過雙值分析（Dyadic），提到雙值分析最適合用在兩難情境的抉擇上，而其最大的用處乃在於訓練雙向思考能力，避免人云亦云或情緒性的直接抉擇。在這一部分，我們就要告訴讀者，如何運用雙值分析的雙向思考特性，拓展自己的寫作思維。

雙向思考在寫作上的運用大致可分為兩種：一是假設自己正參加一場辯論比賽，在文章中提出論點後，立刻虛擬對手可能提出的反對意見，用「或許有人會說」、「也許有人會認為」等類似詞彙，將反對意見寫出來並直接加以駁斥，以強固自己的論點；二是在起筆前就先思考多數人對某件事的見解，將這個見解放在雙向思考的一方，自己則站在對立面進行思考，如果能夠提出不同的見解，就在文章中直接否定多數人的看法，以自己的論述為主軸進行闡發。透過下方圖示，可以清楚看出二者思考模式的不同，前者在思考時是先確立自身論點，再虛擬他人論點加以駁斥；後者則是先思考世人觀點的缺失，否定後直接闡發自身主張。思考模式的不同，將帶出不同的寫作風貌。接著，我們將分別以兩篇千古名篇——歐陽脩〈縱囚論〉及王安石〈讀孟嘗君傳〉為範例，說明如何利用兩種不同的思維模式進行雙向思考，寫出一篇獨出機杼的文章。

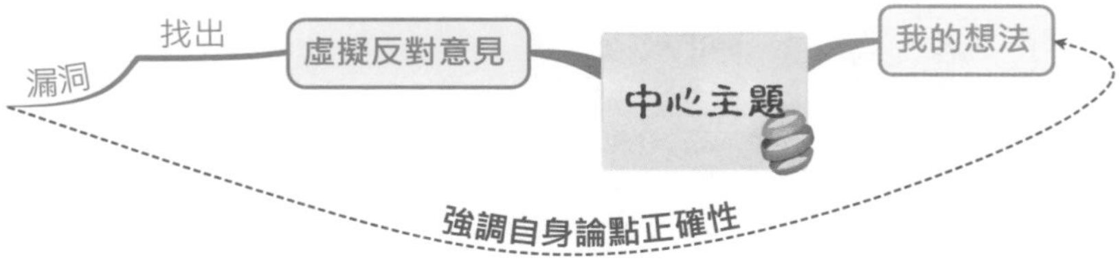

(1) 確立自身論點，虛擬反對意見並加以駁斥

這種思考方式最簡單的寫作模式為：

起——提出自身主張

承——依據「起」的主張進一步進行闡述

轉——用「也許有人會說」、「可能有人會認為」……等類似句子轉入他人看法後，

指出他人思考缺失所在，藉此強化自身論點的正確性

合——鞏固自身論點，收結全文

歐陽脩的〈縱囚論〉就是這種標準的四段型文章，藉著這篇文章，讀者應可以觀察出如何將此種思維方式應用在寫作上。

【範例】歐陽脩〈縱囚論〉

（原文）信義行於君子，而刑戮施於小人。刑入於死者，乃罪大惡極，此又小人之尤甚者也。寧以義死，不苟幸生，而視死如歸，此又君子之尤難者也。

方唐太宗之六年，錄大辟囚三百餘人，縱使還家，約其自歸以就死：是以君子之難能，期小人之尤者以必能也。其囚及期，而卒自歸，無後者：是君子之所難，而小人之所易也。此豈近於人情哉？

或曰：「罪大惡極，誠小人矣。及施恩德以臨之，可使變而為君子。蓋恩德入人之深，而移人之速，有如是者矣。」曰：「太宗之為此，所以求此名也。然安知夫縱之去也，不意其必來以冀免，所以縱之乎？又安知夫被縱而去也，不意其自歸而必獲免，所以復來乎？夫意其必來而縱之，是上賊下之情也；意其必免而復來，是下賊上之心

也。吾見上下交相賊，以成此名也，烏有所謂施恩德，與夫知信義者哉？不然，太宗施德於天下，於茲六年矣，不能使小人不為極惡大罪；而一日之恩，能使視死如歸，而存信義，此又不通之論也。」

「然則，何為而可？」曰：「縱而來歸，殺之無赦，而又縱之，而又來，則可知為恩德之致爾。」然此必無之事也。若夫縱而來歸而赦之，可偶一為之爾，若屢為之，則殺人者皆不死，是可為天下之常法乎？不可為常者，其聖人之法乎？是以堯、舜、三王之治，必本於人情，不立異以為高，不逆情以干譽。

（翻譯）信義施行於君子，刑罰則施加於小人。刑罰重到必須判處死刑的，這是小人中最惡劣的。寧願因義而死，不願苟活求生，並為此視死如歸的，這又是君子中特別難做到的德行。

當唐太宗貞觀六年時，登錄了死刑犯三百多人的名冊，將他們放回家，並和他們約定：時間到了必須自行回來接受死刑。這樣的行為，根本就是用君子都很難做到的事，來期許小人中的小人必須做到。這些囚犯到了期限，最後竟然全數歸來，沒有人逾期。這種情況顯現的是君子很難做到的事，對於小人來說卻很容易，這哪裡近於人情呢？

或許有人會說：「這些人罪大惡極，毫無疑問地是小人，但當有人對他們施以恩德後，他們就會被感化而成為君子。恩德感人之深，改變人的速度如此之快，就有如此事一般！」但我認為：「太宗之所以這樣做，就是為了求取這種美名。我們怎麼知道縱放死刑犯的唐太宗，沒有猜想到這些死刑犯一定會回來求自己放了他們，所以才釋放他們呢？我們又怎麼知道，那些被放走的死刑犯，沒有揣度到自己回來後一定會被免刑，所以才又回來呢？猜想死刑犯會回來求赦免而縱放他們，這是在上位者用不正的心態來揣摩下位者的心思；猜想自己回來一定會被赦免所以才回來，這是在下位者用不正的心態來揣摩在上位者的心思。整個事件，我只看到在上位者和在下位者用不正的心態彼此揣摩對方的心思，最終成就這件事的『美名』，哪有世人所謂的施恩德以感化人，以及使小人知曉信義的事情呢？不然的話，唐太宗當時『施恩德』親政治理天下已經六年了，六年的時間，還不能讓這些小人不犯下被判死刑的極惡大罪，用一天的恩惠，就能夠讓死刑犯視死如歸且又存著信義之心，這根本就是不通之論啊！」

「不然的話，該怎麼做才可以呢？」我認為：「放了他們，等他們回來，全部按原約定判處死刑，然後釋放第二批犯人，如果第二批犯人又全數回來了，這樣就可以知道果然就是唐太宗恩德教化的成果了。」可是這種事一定不可能發生的。像這種放了回來後又把死刑犯釋放的做法，只能偶一為之，如果屢次為之，那麼殺人犯都不用被判死刑，這樣的做法可以成為天下的常法嗎？不能夠成為天下常法的，哪裡是聖人之法呢？所以堯、舜和三代聖王在治理天下時，一定會本於人情，不會標新立異自以為清

高，也不會違背人情以求取美名。

整篇文章圍繞著「合乎人情」提出論點。首段先提出合於人情的做法──「信義行於君子，而刑戮施於小人」。對於不同的人，應該要有不同的對待方式，這才合於人情。

第二段在概述唐太宗「縱囚」事件的同時，對其行為提出「不近人情」的批判，因為唐太宗用對待君子的方式來對待小人中的小人。

第三段則轉入他人可能會持有的不同意見──「死刑犯之所以會改變，是因為受到唐太宗恩德感召之故」，在敘說完他人論點後，作者立即提出自己不贊同的原因，其中「唐太宗施恩於天下已六年仍有死刑犯」是最有力的證據。

第四段先針對第三段他人可能會有的反對意見提出驗證方法──「縱（第一批犯人）↓歸↓殺↓赦（第二批犯人）↓歸」，如果真能得到這種結果，那就證明他人論點是對的，但這件事是決不可能的，因此「太宗施德感召」的反方論點根本不能成立！最後，歐陽脩再次歸結到「合乎人情」的主張，以「不立異以為高，不逆情以干譽」來呼應收結全文。

透過以上分析，我們可以知道：這是一篇架構完整、立論清楚的文章，如果用第四章學會的分析文章架構的技巧，繪出心智圖，各段間彼此呼應關係將更為清晰。

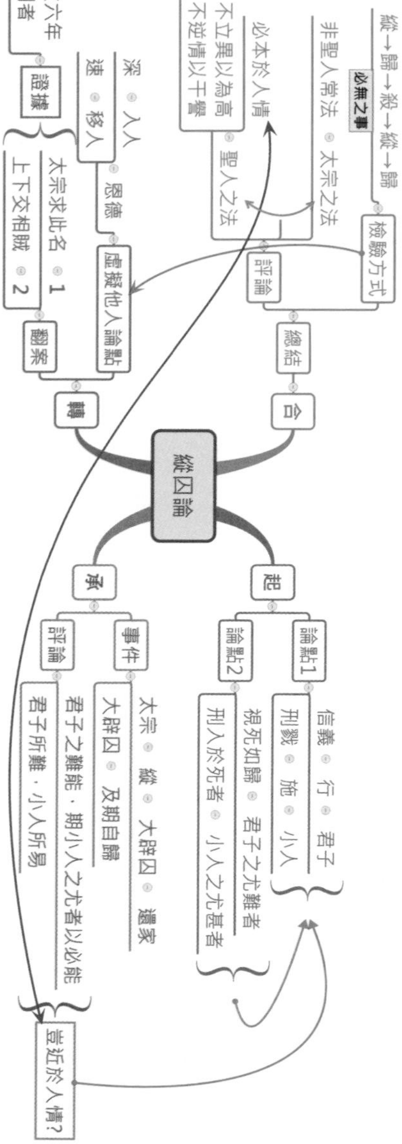

〈縱囚論〉乍看之下不容易讀懂，但事實上它的組成方式並不困難，在寫作上，只要能夠學習它的思考模式，在提出並闡釋自身論點後，用雙向思考的概念設想別人可能會有的不同想法，說明自己的想法較他人周延的原因，最後再次強調自己的論點，這樣大致上就能寫出一篇架構完整的文章。

不過，設想他人想法的能力必須在平時就加以鍛鍊，除了閱讀之外，聆聽他人意見、多練習從他人角度設身處地進行思考，都將對雙向思考能力的提升有所幫助。

(2) 否定大眾意見，提出自身獨到見解

這種類型的文章較特別，否定大眾意見後就直接轉入自我主張的陳述，以起、承、

轉、合的結構來看，最簡單的結構如下：

起——提出世人看法

轉——轉入自我主張

承——承接「轉」的自我主張，做進一步論述

合——收結全文

王安石的〈讀孟嘗君傳〉篇幅相當短小，但亦可呈現出此種轉折痕跡，讀者可以此結構方式為基礎，發展出自己的寫作軌跡。

【範例】王安石〈讀孟嘗君傳〉

（原文）世皆稱孟嘗君能得士，士以故歸之，而卒賴其力，以脫於虎豹之秦。嗟乎！孟嘗君特雞鳴狗盜之雄耳，豈足以言得士？不然，擅齊之強，得一士焉，宜可以南面而制秦，尚何取雞鳴狗盜之力哉？夫雞鳴狗盜之出其門，此士之所以不至也。

（翻譯）世人都稱說孟嘗君能夠得到天下賢士的擁戴，士人因此歸向他，而他最終也有賴這些賢士的力量，脫離如豺狼虎豹般凶殘的秦國之手。唉！孟嘗君不過只是雞鳴狗盜之徒的領導者罷了，哪裡配得上說是「得天下賢士」呢？不然的話，以孟嘗君

擁有齊國強大國力的背景，只要得到一個真正的「士」，齊國應該就可以南面稱王以制衡秦國了，哪裡還需要依靠那些雞鳴狗盜之徒的伎倆和力量呢？就是因為雞鳴狗盜之徒出於孟嘗君的門下，所以真正的賢士就不願意投靠他了。

這篇文章主要是以孟嘗君藉著門下食客「學雞鳴」、「鑽狗洞盜竊」的伎倆，逃脫秦國的歷史事件為證，批判孟嘗君不過是「雞鳴狗盜之雄」，並非是真能招攬賢士的公子。

當時孟嘗君正拜訪秦國，秦王本有意將他留下重用，但後來又改變主意囚禁了他，孟嘗君只好請人求助於秦王的愛妃。秦妃提出了要求：要孟嘗君送一件狐裘給自己。孟嘗君非常為難，因為秦妃要求的狐裘早在入秦時就送給了秦王，要再找出一模一樣的根本不可能，後來還是靠門下一位善於鑽狗洞偷竊的食客，將狐裘偷出來送給秦妃，才解決了這個問題。

秦妃後來果然向秦王求懇，秦王同意將孟嘗君釋放，得到王命的孟嘗君一刻也不敢多留，趁夜想逃出秦國，但城門在夜晚都是緊閉的，必須等雞鳴，守門的秦卒才會開門。

擔憂秦王改變心意的孟嘗君急得如熱鍋上的螞蟻，這時，忽然有一位食客維妙維肖地學起了雞叫，睡眼惺忪的秦卒雖感奇怪，還是照規定打開了城門，於是，孟嘗君一行人順利逃回齊國。

多數人對於此事件多持正面評價，認為孟嘗君之所以能夠逃出秦國，就是因為孟嘗君能禮賢下士，無論賢愚一律加以善待，才能夠逢凶化吉。但王安石卻提出了不同的看法，他認為孟嘗君就是因為網羅的都是些雞鳴狗盜之輩，所以真正的賢士根本不會投靠到他的門下，否則以齊國的強大，只要能得到一個「真」賢士的輔佐，哪裡還需要這樣躲躲藏藏、落荒而逃呢？

〈讀孟嘗君傳〉很短，但卻轉折分明。王安石首先提出世人對於「雞鳴狗盜事件」的看法是孟嘗君「能得士」，接著用自己的看法「孟嘗君特雞鳴狗盜之雄耳」進行直接否定，並進一步說明原因——齊國如此強大，孟嘗君面對本該勢均力敵的秦國，卻毫無制衡之力，只能靠著雞鳴狗盜之徒的力量落荒而逃，哪有半點大國強盛的模樣？最後，王安石用「雞鳴狗盜之出其門，此士之所以不至也」來呼應自己「孟嘗君特雞鳴狗盜之雄耳」的主張，收結全文，文章論點完整。

同樣地，我們可以用心智圖繪出此篇文章的架構，透過心智圖，更清楚地看出全文架構及文章呼應關係。

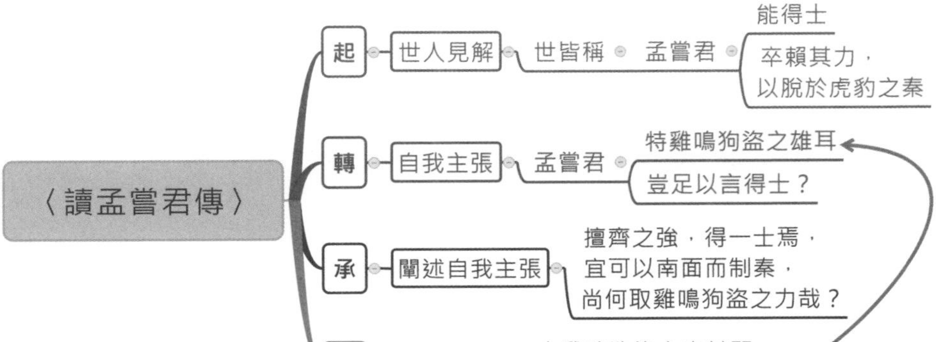
〈讀孟嘗君傳〉
起
世人見解
世皆稱
孟嘗君
能得士
卒賴其力，以脫於虎豹之秦
轉
自我主張
孟嘗君
特雞鳴狗盜之雄耳
豈足以言得士？
承
闡述自我主張
擅齊之強，得一士焉，宜可以南面而制秦，尚何取雞鳴狗盜之力哉？
合
收結全文
夫雞鳴狗盜之出其門，此士之所以不至也

當「合」以肯定自我主張收結全文時，亦間接地對世人見解做了再次否定，言簡意賅，理盛詞暢，無怪乎能成為千古流傳的著名翻案文章。

回到寫作運用上，王安石以短短的篇幅就寫出一篇架構完整、見解獨到的文章，這誠然是寫作極高的境界，但這種「妙手偶得之」的「天成文章」可遇不可求，建議還在學習階段的讀者，寫作時仍然必須進行分段，並且用較詳盡的文字闡釋自己的見解。

二、六頂思考帽檢視自我思維與表述

在第一章中我們曾介紹過六頂思考帽的概念，為避免讀者遺忘，以下簡單整理六種顏色帽子分別代表的意義：白帽──中立、客觀；紅帽──情緒性、主觀；黑帽──針對事實，提出負面風險、批評；黃帽──合乎邏輯的正面樂觀思考；綠帽──創意、創造性思考；藍帽──冷靜、控制、統整。

在寫作時，六頂思考帽適合用來檢視自己的文字正以何種立場「發言」。

「筆鋒常帶感情」、「文情並茂」都是稱讚他人文章的詞語，寫作時沒有個人思想、情感在其中，充其量不過就是文字的堆砌，所以在寫作時放入自我情感是相當重要的，但，寫作者常犯的錯誤，就是在敘述中不自覺地把偏見、個人好惡放在第一，導致整篇文章充斥情緒性的言語，或者是論點偏於一隅，無法全面觀照，這時，寫作者很明顯已落入某一兩種顏色帽子的思維中而不自知。

舉個例子來說，某年北區高中模擬考題，其中一題請學生發抒他們對台灣教育的看法，結果絕大多數學生寫的都是「台灣是填鴨教育，導致學生缺乏思考判斷力」、「應該向美國學習」之類的話。這些論調看來似乎頭頭是道，但除了缺乏新意之外，也不能完全符應台灣的教育現況，這種論點對於行動學習、翻轉教育、合作學習、PBL（Project／Problem Basic Learning）等台灣教育現場施行有年的教育改革完全略而不提，對於備受矚目的芬蘭教改亦視而不見，只是用「填鴨教育」的空泛評價，一竿子打翻台灣教育；而一味地提出「向美國學習」的建議，也很明顯地忽略現今許多學者對美國教育所衍生問題的反省。

像這種表面看來振振有辭，卻無法觀照全局的批評論調，愛德華・狄波諾稱之為「負面的沉溺」，意即表面上是戴著黑帽發言（提出負面批評），但卻是未經客觀檢視的個人刻板印象言論，所以，此言論事實上是紅帽——情緒性言詞。

這種乍看之下客觀理性，卻摻雜大量自我情感與偏見的敘述隨處可見，但無論是日常生活中的發言者，或者是寫作者，往往都不自知。並不是說在敘述中摻雜自我情感不好，如同前面所提到的，就寫作而言，「筆鋒常帶感情」、「文情並茂」的文字是重要且必要的，但問題是，如果整篇文章都只有自我主觀好惡，那就像是始終戴著紅帽發言，只會讓讀者覺得這個人非常主觀、情緒化，這樣當然很難引起旁人的共鳴。

因此，除了紅帽以外，我們必須拉入容易引起共感的其他角色，例如：白帽（容易令人信服的客觀事例、數據）；黃帽（合乎邏輯的美好事物）；綠帽（使人眼睛一亮、有驚喜感的創意思考）；黑帽（讓人神經繃緊、心生警惕）……等等。這些帽子不一定要全部出場，但寫作者必須確保自己的文章中除了紅帽以外，還有其他一兩頂帽子在其中調和整篇文章，而非通篇都是自說自話。

要將六頂思考帽的思維運用在寫作中，必須培養自己對言論判別的敏銳度，但這種能力並不會憑空提升，必須在日常生活中就進行培養。如果有夥伴，可以彼此提醒，沒有的話，就訓練自己養成檢驗他人及自己的口語和書面文字的習慣。

訓練的方式很簡單，每天撥出十到十五分鐘，有意識地去覺察：現在自己或他人所說或所寫的，究竟是戴著哪種帽子在發言？有沒有可能看起來符合事實的論調，其實暗藏著發言者的觀點？或者是看起來情緒很多會引人反感，拿掉情緒的外衣，後面卻隱藏著駭人的真相？諸如此類的「找碴」遊戲，對判斷帽子的顏色都會大有幫助。

舉個例子來說，某日新聞報導內容為：「某政要名人感冒，但為了顯現自己還十分有精神，堅持不戴口罩，這種為了公事而強打精神的行為真是相當可敬。」看出來了嗎？這段新聞看來符合事實，卻同時站在紅帽與白帽的立場發言。白帽是「政要名人感冒」這件事，而「這種行為相當可敬」純粹是記者個人情感的紅帽評價。不相信的話，試試看將「這種行為真是相當可敬」，改成「這種行為真是完全不符合公共衛生」，有沒有發現，兩種評價完全相反，但都是從「政要名人感冒」的事實延伸而來，只因個人觀感不同，得出的結論就完全迥異。

這種客觀事實中夾雜主觀的言論，其實俯拾皆是，在行文寫作上主觀意見的表述是重要的，但在聆聽、閱讀及自我書寫時，能洞察言論後面的帽子色彩也是同樣重要，具備這種能力，不但能避免被他人片面之辭所愚弄，也能免於落入自己的情緒陷阱中。用六頂思考帽來檢驗自我及他人，無論在寫作、在生活中，都是非常好用的能力。

此外，六頂思考帽亦可在寫作論說文時，用來輔助架構思考，其運用的參考方式如下：

起——前言

白帽：根據題目說明緣起、時代趨勢、背景意義、相關理論觀點、問題原因或困境

承——正文

白帽：詳細說明主題的內涵或重要性、他人提出的觀點

黃帽、黑帽：比較說明優（黃帽）缺（黑帽）點、限制（黑帽）等

轉——正文

綠帽：以不同「人事時地物」的舉例、譬喻等方式，說明主題在其他場合的現象、做法等，或者從其他思考角度切入

合——總結

紅帽：說明自我主張、啟發或心得

綠帽：回應前言中的問題、困境，對未來的展望或建議

藍帽：統整全篇意見

圖示如下。面對說理性文章不知如何下筆時，可以先以此張心智圖做掛鉤聯想，然後再進行書寫，對架構的建立及思考層面的拓展將會有所幫助。

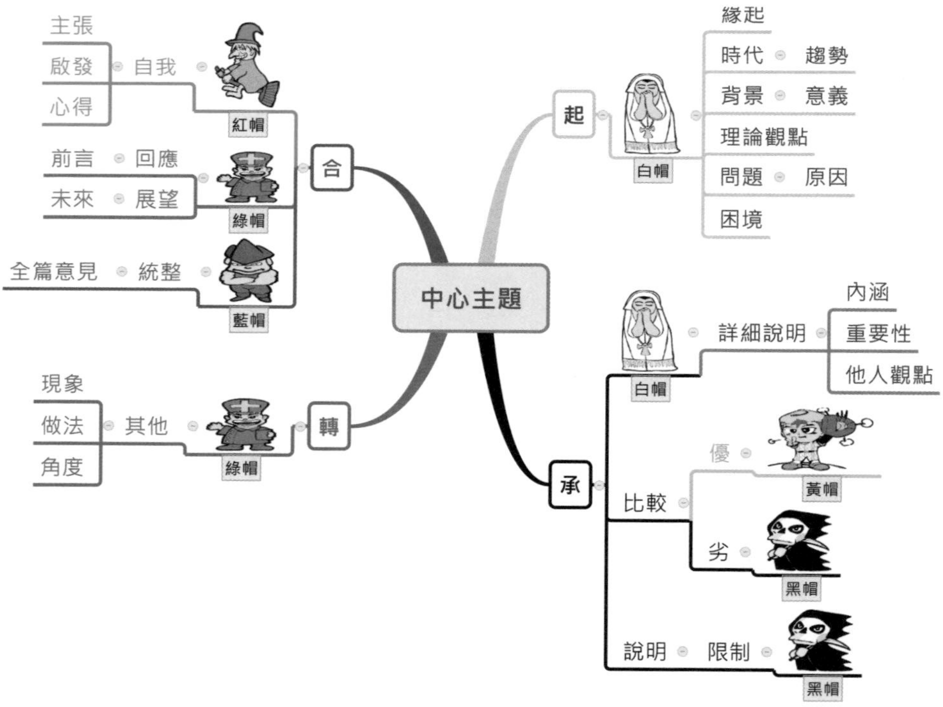

貳

組織思維層次

在第貳部分，我們要將討論重心擺在思維層次的組織上。

在第一章中，我們曾介紹過垂直思考的邏輯聯想，可以協助我們層層推進、時時回顧，不偏離主幹及中心主題內容。而一篇完整的文章，事實上就是由幾支合於邏輯的垂直思考主幹所組成，這幾支主幹不但都可溯洄到中心主題，且彼此之間各自獨立又有呼應關係。此種思考模式，可用於檢視文章敘述是否有跳、漏或岔出話題的狀況，也能避免某段偏題的情形發生。

在日常生活中，我們常聽到類似的對話：

甲：「哇！你這件衣服好漂亮，在哪買的？」

乙：「在百貨公司。對了，我昨天逛街的時候，遇見小李，他女朋友好漂亮！」

甲：「小李？是哦！之前他帶我們去吃的那家港式飲茶倒了耶！」

乙：「啊？真可惜。對了，我們好久沒吃飯了耶，改天來約吧！」

這類型的對話在生活中層出不窮，從開始閒聊到最後越扯越遠，結論跟本來的話題一點關係也沒有，聊天的人也忘了究竟為什麼會開啟這個話題。

如果只是閒聊，聊天的人話題接得上，這當然無傷大雅，但問題是這種狀況不只在閒聊時發生，無論是在開會、討論事情，甚至是聽演講，如果用心觀察，你會發現這種離題的情況根本就是家常便飯。

生活中如此，寫作時亦然。「有感而發」可以讓人下筆如行雲流水，但不小心控制的話，流水就會變成洪水，情況一發不可收拾，等到驚覺的時候，大勢已去，滿紙僅剩與主旨無關的荒唐言，這時就只能徒呼負負了。

這種常見的寫作錯誤，往往肇因於寫作者想到什麼就寫什麼，文章也許前幾段或某段前幾句是切題的，可是寫到後來卻偏題了。它的離題原因和第二章提到的審題錯誤不同，審題錯誤是對題目意義理解不清，寫到後來偏題則是因為寫作者在書寫時沒有意識到自己應該時時進行邏輯統整和剪裁，所以導致和主題無關的「廢話」越寫越多。為了避免這種情況，訓練自己有意識地對思考內容進行邏輯組織是必要的。

寫作時組織思維層次的時機有兩個：一是在寫作當下隨時進行檢視與修正；二是寫完後進行通篇檢視。

接下來，我們就分別介紹如何在這兩個時機進行思維層次的檢視。

一、寫作當下隨時進行檢視

思維層次的組織有兩個檢視重點：是否層層推進且不偏離主題、是否有層次變化，二者檢視方式不盡相同，以下分開討論。

(1) 是否層層推進且不偏離主題

一般說來，一篇組織嚴謹的文章通常具備三個基本要件：一、文章架構完整；二、敘述內容無論長短都應與段旨及文旨相關；三、敘述必須有條不紊地層層推進或延伸。

文章架構已在第四章提過，在此不多做贅述，僅就如何組織文章內容的部分進行討論。

檢視文章的方法很簡單，只要寫作時經常在心中用邏輯性的垂直思考概念提醒自己——每一句都要與前一句有關（除非前一句已收結上一個小子題）；每一句都要呼應現在正在討論的「主要概念」；每一句都不偏離「中心主題」。如果能做到在心中時時自我提醒這三件事，文章的切題及敘述，基本上不會有太大問題。

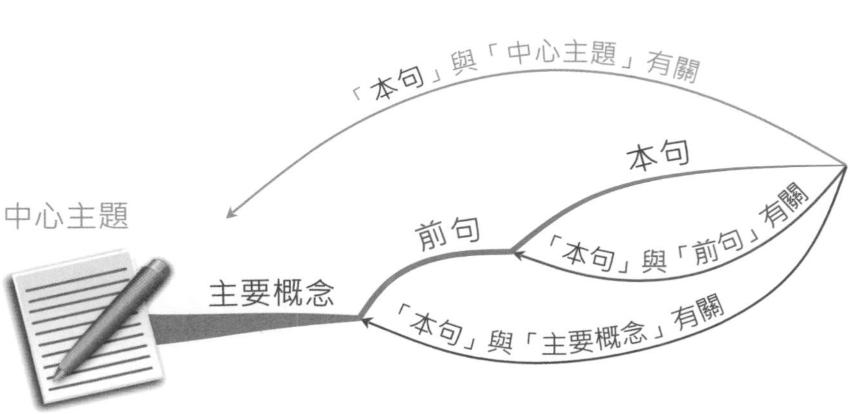

⑵ 是否有層次變化

所謂的層次變化，這裡指的是能否在敘述中變換不同的書寫策略，讓文章更平易近人或更具深度。

大體上說來，在閱讀一篇說理性的文章時，我們會希望看到具體事件、他人現身說法或親身體驗等例證來證明此篇文章可信；在閱讀敘事性文章時，我們則會渴望從其中得到一些反省、感動、美感體驗等，藉著這些抽象感受，我們更容易有共感共鳴。

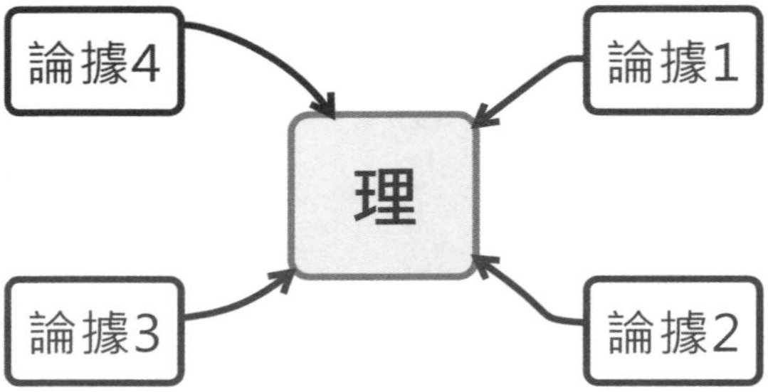

閱讀時如此，寫作時亦然。在寫作時，我們得謹記自己在閱讀時的心態，學習在文章中放入這些「己所欲」的心思，讓「事、理」相輔相成。（由於「事」多屬於具體人事物，「理」則屬抽象概念，故有部分人亦稱理為「虛」，稱事為「實」，意義相同。）

寫作時，只要時時用上面兩張心智圖來自我提醒：「以事例支援道理，從事件推出想法」，這樣文章就會有層次的變化，不至於落入空泛說理或平面敘事的單一層次中。

二、寫完後進行整體檢視

除了在寫作時自我提醒外，寫完文章後，也可用心智圖再次進行思考組織的檢視。檢視的方式也很容易，運用在第四章中學會的拆解文章架構的技巧，將文章進行拆解分類後，先檢驗每一個主幹是否都從中心主題出發，再以垂直思考的概念進行邏輯檢視，檢驗文章敘述是否合乎層層遞進、不離主題的原則。如此一來，即可輕易辨識出論點的邏輯組織是否嚴謹。以下就以實際例子說明：

【範例】麻木不仁（梁容菁）

有一段時間，我一直在想這四個字，然後深深覺得：第一個將「麻木」與「不仁」合併使用的人，真是個天才！因為對所知所見失去了感應力，自然也就對他人的苦難缺乏了仁心。

大概是人潮比較多的關係，每個大的搭車點，總會散集著一些賣花、賣口香糖、賣彩券等等，身上強烈散發出「生活苦難」氣息的人們，於是，每一回搭車，就成了良心爭奪戰。買？不買？買了用不著，不買又覺得有愧於良心。多數時候，我就如多數人一般，罔若未聞的與這些人們擦身，但只有自己最清楚，每一回我都得被良心鞭撻一番。

那為什麼不停下來？我也不知道。我想起多年前師大賣花老伯的新聞。上新聞的那年，老伯已經八十九歲了，如此高齡卻還得背負著扶養曾孫的責任，當年老伯背著、抱著花束，沿街叫賣的情形吸引了師大學生的注意，一群善良的學生設法在師大夜市中替他找了個攤位，那一陣子，買花的人潮不少，老伯的花車每天都是滿滿的花束、川流的人潮。買過幾次花，但經驗卻不全都是愉快的，總覺得老伯的態度並不十分友善，但念著他的辛勞，每隔一陣子我總會光顧。

後來，研究所畢業，回去的次數少了，在某個冬夜，我又走至老伯的攤位，攤位仍在，令我吃驚的是老伯的花車，只有零零落落的花束懶懶地立在車上，數量擠不滿車身的一半，更叫人驚心的是：這些花皆憔悴委靡，花瓣都發出垂垂將矣的呻吟！我吃驚了，也猶豫了，不知道這樣可憐的花朵究竟該不該買，但還是抽起了一束百合，詢問價錢，事實上我仍記得之前百合從五十漲到一百，再漲到一百五十，但數量和品質卻每況愈下的經驗。我是準備付那一百五十元的，即使知道不合理。

出乎意料之外，老伯說：「五十元。」

有點驚訝，但還是掏出一百元。更驚訝的是，老伯啟口了：「再買一束好不好？」這句話不像是商量，倒像是懇求，出自一個本該頤養天年卻仍被迫掙扎求生的老人。

我點點頭，再抽起一束玫瑰花，我記得玫瑰花是少數在老伯生意興隆時價格仍維持五十元的花種。

「一百元。」漲價了！唉！為什麼我總是算計錯誤？我只好再掏出錢來。

離開了攤位，那和主人一樣淒冷衰敗的花車仍縈繞在我的心頭，久久不散。

然後，在某一天，攤位靜靜消失在師大夜市熙來攘往的繁華裡……。

然後，在多年後的某間教室裡，我與學生們討論起這樣一個老伯、這樣一個攤位、這樣一個盛衰如此鮮明的故事。

早已記不清孩子們聽完故事後七嘴八舌的心得分享是什麼，卻一直記得迴盪在自己靈魂深處的聲音，那聲音在說：那是因為，大家習慣了。

因為習慣，所以麻木。從前從捷運站走到師大，沿路可以看到老伯賣的玫瑰花被放在門口的花瓶裡，每一朵都含著笑、都潤著水，都迎著朝陽恣意綻放她們的美麗。這些美景早已不復見，取而代之的，是一間間門口不再有著花瓶、不再有著燦笑花朵、彷彿正木著臉的緊閉屋宇，還有一群群漠然經過花車邊緣的身影。麻木不仁了，不是嗎？我記得當時自己告訴孩子，別忘了隨時保持心的柔軟，別忘了隨時感應到世間的苦難。

我沒告訴他們的是，在好多好多年前，某間高中的教室裡，有一雙專注的眼，熠熠地望著講台上年約半百的女老師，那時，女老師正認真地告訴她的學生：「莫忘初心！」

接著，我們就來進行檢視：

步驟一、根據文章內容，畫出簡易的文章架構心智圖

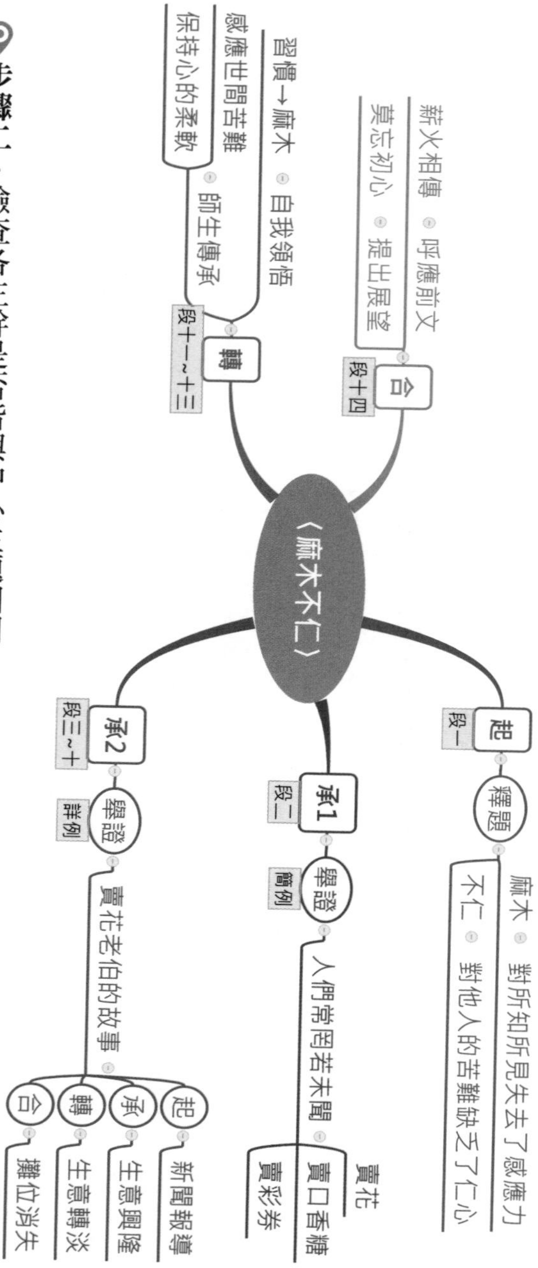

步驟二、檢查各主幹是否皆與中心主題相關

「起」是釋題；「承1」和「承2」是根據起舉證說明主題；「轉」是從例證轉入領悟與傳承；「合」則是做總結及從題目反面提出正向展望。各主幹均未偏離中心主題。

步驟三、用垂直思考的概念進行邏輯檢視，刪去冗詞贅句

針對各段落進行細部檢視。此篇文章「承2」事件敘述最長，故我們以「承2」做為檢視範例：

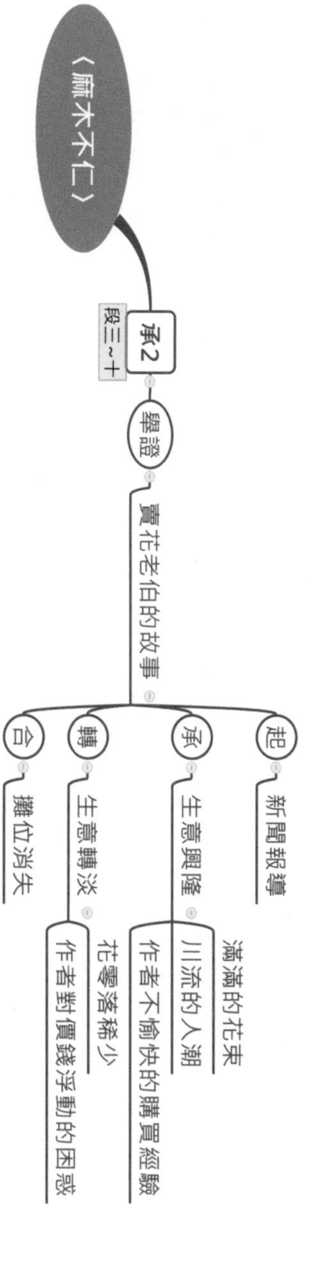

如果把「承2」的心智圖再畫仔細一點，可以發現生意興隆的部分，作者除了提到花束和人潮的盛景外，還插敘了自身不愉快的購買經驗；而生意轉淡的部分，則用花的零落稀少帶出昔盛今衰的景況，並加入今昔購買過程中對價格的困惑及些許的不滿。

以垂直思考進行檢驗時，我們從末端的支幹往回推，如此便可清楚看出各類資訊是否層層遞進、是否回應主幹、是否合乎主題要求。

「滿滿的花束」、「川流的人潮」→生意興隆→賣花老伯的故事→暗伏人們最終麻木不仁的結局→回應「麻木不仁」的核心主題。這兩個支幹敘述都沒有問題。

「作者不愉快的購買經驗」→生意興隆。從這裡我們已經可以看出這段文字和前一層要敘述的主題已無密切相關，如果再以此對應到「麻木不仁」的核心主題，就可以發現這段文字是不必要的。

「花零落稀少」→生意轉淡→賣花老伯的故事→人們已痲木不仁。此部分的敘述亦無問題。

「作者對價錢浮動的困惑」→生意轉淡。這個支幹敘述與上一階層及核心主題所要表述的內容亦無關連，所以也應刪去。

步驟四、檢驗文章呼應關係，確定文章架構的完整

在這個階段，我們就要找出文章的網狀脈絡關係，以確定文章論點是否彼此呼應且被完整處理：

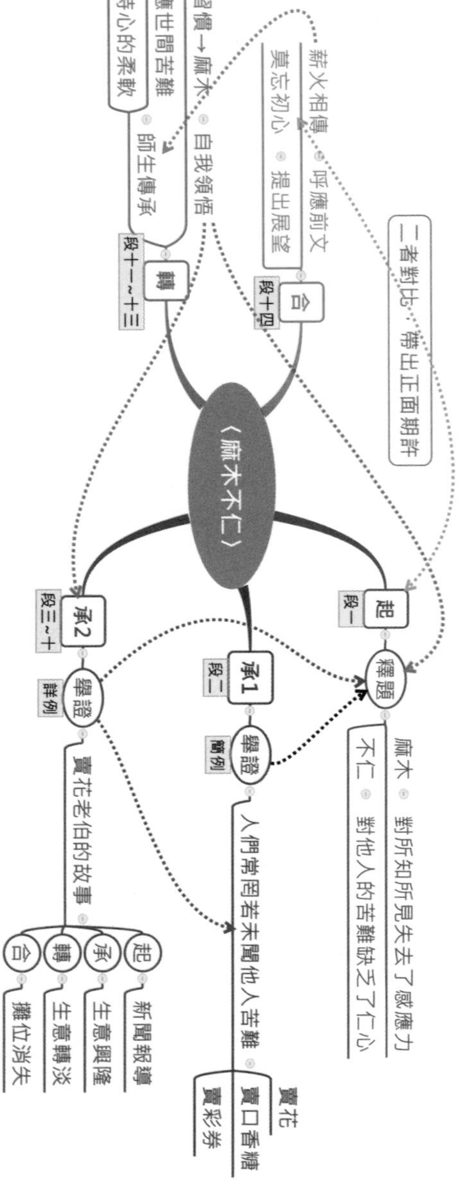

步驟五、修改文章

最後，針對前面的檢視結果，對文章進行修改。

【修改版】麻木不仁（梁容菁）

有一段時間，我一直在想這四個字，然後深深覺得：第一個將「麻木」與「不仁」合併使用的人，真是個天才！因為對所知所見失去了感應力，自然也就對他人的苦難缺乏了仁心。

大概是人潮比較多的關係，每個大的搭車點，總會散集著一些賣花、賣口香糖、賣彩券等等，身上強烈散發出「生活苦難」氣息的人們，於是，每一回搭車，就成了良心爭奪戰。買？不買？買了用不著，不買又覺得有愧於良心。多數時候，我就如多數人一般，罔若未聞的與這些人們擦身，但只有自己最清楚，每一回我都得被良心鞭撻一番。

那為什麼不停下來？我也不知道。我想起多年前師大賣花老伯的新聞。上新聞的那年，老伯已經八十九歲了，如此高齡卻還得背負著扶養曾孫的責任，當年老伯背著、抱著花束，沿街叫賣的情形吸引了師大學生的注意，一群善良的學生設法在師大夜市中替他找了個攤位，那一陣子，買花的人潮不少，老伯的花車每天都是滿滿的花束、川流的人潮。那時，因為研究所的關係常回學校，所以每隔一陣子我總會光顧老伯的小花車。

後來，研究所畢業，回去的次數少了，在某個冬夜，我又走至老伯的攤位，攤位仍在，令我吃驚的是老伯的花車，只有零零落落的花束懶懶地立在車上，數量擠不滿車身的一半，更叫人驚心的是：這些花皆憔悴委靡，花瓣都發出垂垂將矣的呻吟！我吃驚了，也猶豫了，不知道這樣可憐的花朵究竟該不該買，但還是抽起了一束百合，詢問價錢，事實上我仍記得之前百合從五十漲到一百，再漲到一百五十元。

出乎意料之外，老伯說：「五十元。」

有點驚訝，但還是掏出一百元。更驚訝的是，老伯啟口了：「再買一束好不好？」這句話不像是商量，倒像是懇求，出自一個本該頤養天年卻仍被迫掙扎求生的老人。

我點點頭，再抽起一束玫瑰花。

離開了攤位，那和主人一樣淒冷衰敗的花車仍縈繞在我的心頭，久久不散。

然後，在某一天，攤位靜靜消失在師大夜市熙來攘往的繁華裡……。

然後，在多年後的某間教室裡，我與學生們討論起這樣一個老伯、這樣一個攤位、這樣一個盛衰如此鮮明的故事。

早已記不清孩子們聽完故事後七嘴八舌的心得分享是什麼，卻一直記得迴盪在自己靈魂深處的聲音，那聲音在說：那是因為，大家習慣了。

因為習慣，所以麻木。從前從捷運站走到師大，沿路可以看到老伯賣的玫瑰花被放在門口的花瓶裡，每一朵都含著笑、都潤著水，都迎著朝陽恣意綻放她們的美麗。這些美景早已不復見，取而代之的，是一間間門口不再有著花瓶、不再有著燦笑花朵、彷彿正木著臉的緊閉屋宇，還有一群群漠然經過花車邊緣的身影。麻木不仁了，不是嗎？我記得當時自己告訴孩子，別忘了隨時保持心的柔軟，別忘了隨時感應到世間的苦難。

我沒告訴他們的是，在好多好多年前，某間高中的教室裡，有一雙專注的眼，熠熠地望著講台上年約半百的女老師，那時，女老師正認真地告訴她的學生：「莫忘初心！」

標示黃色部分是修改過的，不合主題的內容，都已被刪去或極力精簡，透過這樣的修改，邏輯組織會更嚴密。

最後要補充說明的是，如果是限時寫作，不可能等文章完成再做刪改，所以寫作者應該平常就培養出前面所提到的，在心中進行自我檢視的習慣。一旦習慣養成，不需要畫出心智圖，寫作者也能寫出一篇邏輯嚴密的文章。

Chapter.
6

揮動五彩筆 文字點新妝

想像一個眉山遠黛、眼如秋水、身材穠纖合度的女子，穿著一件明黃色的衣衫，娉娉嫋嫋地走來，微微一笑，朱唇輕啟，吐露的每一字句，都優雅又深具內涵。

這樣「秋水為神玉為骨」的女子，是不是很讓人心動呢？

有心學習寫作的人，都會渴望自己的文字，恰如這樣美好娉婷的女子，兼具外表與內涵，能夠讓讀者心悅誠服、深受吸引。

但是，要達到這樣的境界，究竟該怎麼做呢？

若以寫作而言，結構是骨，立意取材是神，那些能增添文字豔色的辭采，便是女子臉上的妝容了，因此，除了前面提到過的結構及立意取材外，恰到好處的用詞遣字也是相當重要的。

這一章，我們就要來介紹讓文字煥然一新的敘述方式。

想讓文字更加具有活力及美感可以運用三種簡單的技巧：一、善用形容詞與副詞；二、拿捏舉例分寸；三、活用各種修辭。

善用形容詞及副詞，能讓描寫更加具體；合宜的例證，能讓文章更有說服力，更容易引起讀者閱讀興趣；而活用各種修辭，則能夠製造出或形象生動、或節奏鮮明、或變化多端、或引起讀者好奇……等不同效果。

調整敘述方式的概念非常簡單，但許多人因為落入「我手寫我手」的慣性寫作窠臼中，導致寫出來的文字常如說話般的質樸少情采，難以吸引人的注意。事實上，只要有意識地運用一些小技巧進行自我提醒，就能讓自己的文字如點上新妝、換上彩衣般，令人眼睛一亮。

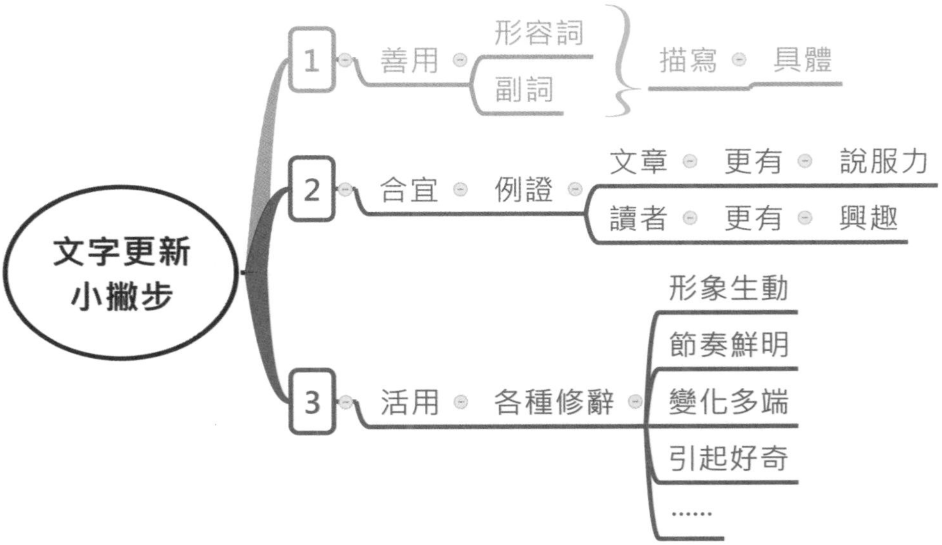

壹

善用形容詞與副詞

在開始討論形容詞與副詞之前，我們不妨先一起閱讀一則流傳已久的冷笑話的兩個版本：

【版本一】

一對夫婦口角。

丈夫說：「好了！好了！閉上妳的嘴！半夜三更吵死人了！」

妻子說：「你說錯了！一夜明明是五更，半夜應該是兩更半，哪來的半夜三更？」

丈夫不耐煩了，甩了老婆一個耳光！

妻子尖叫：「半夜三更打死人啦！」

丈夫道：「早說半夜三更，何必挨打？」

【版本二】

一對夫婦口角。

丈夫**怒**道：「好了！好了！閉上妳的嘴！半夜三更吵死人了！」

妻子**強辯**道：「你說錯了！一夜明明是五更，半夜應該是兩更半，哪來的半夜三更？」
丈夫不耐煩了，甩了老婆一個耳光！
妻子尖叫：「半夜三更打死人啦！」
丈夫**冷笑**道：「早說半夜三更，何必挨打？」

看出兩者差異了嗎？其實版本一與版本二的差別，僅在於版本二加上了修飾動詞的副詞，這些簡單的副詞，卻讓動作的「情緒」更鮮明具體。

再來看看兩段同中有異的文字：

【敘述一】

大哥要回來了！接到消息的明玉匆匆地換上衣服，騎上腳踏車，急著回去與親友分享這個好消息，陽光映照著她的容顏，風呼呼地吹起她的裙裾，她的心彷彿也隨之飛上天空。

【敘述二】

大哥要回來了！接到消息的明玉匆匆地換上剛買的衣服，騎上腳踏車，急著回去與親友分享這個好消息，陽光映照著她**煥發**的容顏，風呼呼地吹起她的裙裾，**裙裾飄飄**，她的心彷彿也隨之飛上天空。

敘述一和敘述二內容其實相同，只是敘述二加入了幾個形容詞，與明玉的好心情交互呼應，強化了敘述一與高采烈的心情。

就是這麼奇妙，幾個簡單的形容詞和副詞，就讓整個畫面、情感更加鮮明立體。認識形容詞和副詞，視情況選擇適合的詞語來使用，就能使文字產生畫龍點睛的效果。

一、形容詞、副詞的基本概念

在介紹如何使用之前，我們先來認識形容詞和副詞。

(1) 形容詞

所謂的形容詞，就是修飾名詞的詞語。例如：「紫色的」上衣、「憤怒的」表情、「詭異的」笑容、「傾頹的」屋宇、「無上的」榮耀……，「」中的詞語，全部都是用來修飾名詞的形容詞。

(2) 副詞

副詞在句子中的作用有二：一是修飾動詞，二是修飾形容詞。

例如：「痛」毆、「鬼」叫、「用力地」捶、「高亢地」說、「奮力地」游……，「」

中的詞語，都是用來補充說明動作的狀態或程度，這就是修飾動詞的副詞。

至於修飾形容詞的副詞，通常是用來補充說明形容詞的程度，例如：容貌「極」美、口氣「很」凶、湯頭「頗」鮮……，這種放在形容詞前表示程度的詞語，也是副詞。

詞性的變化，是隨著上下文句文義的變化及所修飾的詞語不同而改變，只要掌握基本詞性概念即可，使用上不用過於拘泥。

二、水平聯想（Brain Bloom）的妙用

如何找出最適合文章情境的形容詞與副詞？方法相當容易，就是運用心智圖的水平聯想進行創意發散，然後選擇最適合當下情境的詞語。

步驟如下：

(1) 將想要加上修飾的詞語寫在中心主題的位置

(2) 在主幹的位置上寫上想到的修飾詞

(3) 選擇最適合的詞語

範例一——紅色上衣

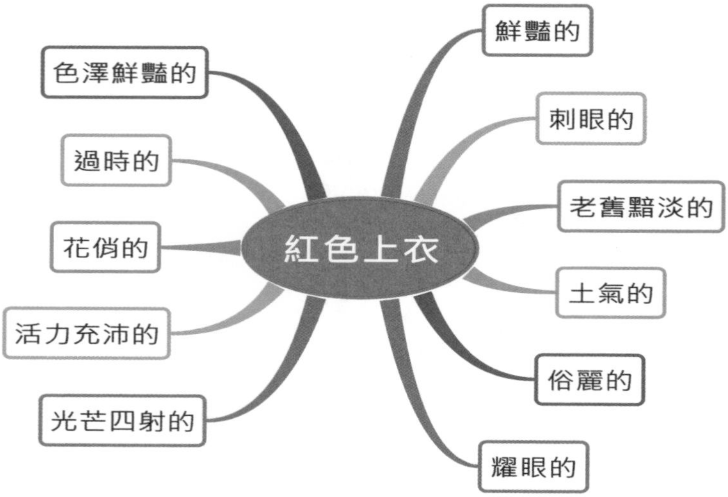

上圖主題是「紅色上衣」，在做完水平聯想後，就可以選擇適當的詞語進行修飾。

如果是描述參加喜宴的年輕女孩，或許可以使用「鮮豔的」、「活力充沛的」、「耀眼的」等詞語；要寫穿著不合時宜，或許可以運用「過時的」、「土氣的」、「俗麗的」等詞彙；若要讓氣氛顯得灰暗，則不妨用上「老舊黯淡的」去描寫。

除了擇一使用外，也可以將性質相近、彼此有強化呼應效果的詞語放在一起使用，例如：盈盈今天穿著一件色澤鮮豔的花俏紅上衣，更顯得明麗可愛；她穿著一件款式俗麗的土氣紅上衣，旁人看了都不禁掩嘴偷笑……。

範例二——跑

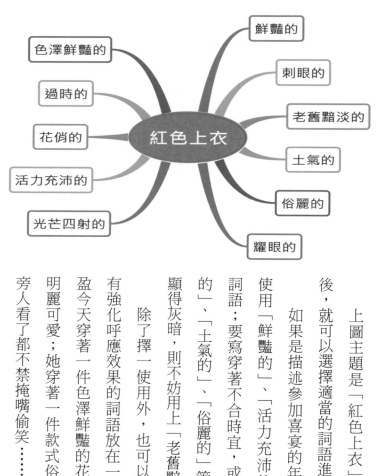

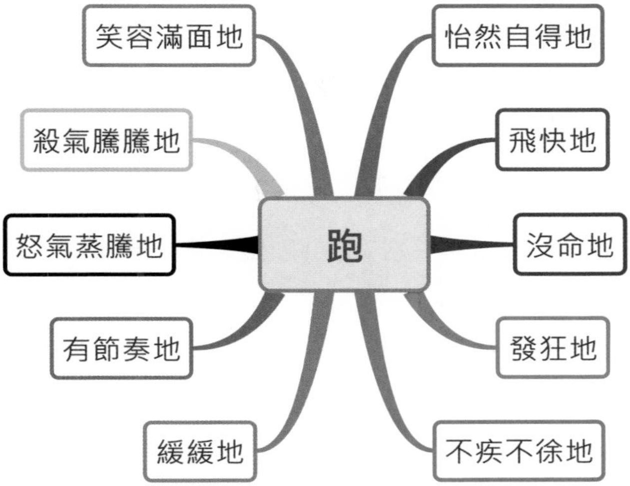

同樣地，從上面這張中心主題為「跑」的心智圖去聯想完之後，寫作者可以選擇適合敘述氛圍的修飾語加以運用。

如果要顯現悠然自得的情懷，不妨使用「怡然自得地」、「不疾不徐地」、「緩緩地」、「有節奏地」；要彰顯怒意，可以使用「殺氣騰騰地」、「怒氣蒸騰地」；若要表示恐懼或發洩情緒，或許可用上「沒命地」、「發狂地」等修飾語。當然，倘若時機合宜，也可以如範例一般，將類似的詞語並列使用，以達到強化的效果。

前面兩個例子，因為都是單一詞語而無情境，所以聯想起來天馬行空，只要可以套上去的修飾語均可使用，但在正規寫作上，通常我們的詞語運用都必須應和文章敘述的情境，在這種情況下進行聯想時，應將重心擺在符合情境的詞語聯想上，這樣可以幫助我們從腦海中「咕狗」出「不是忘記，而是想不起來而已」的好詞語，讓詞語運用更繁複多變。

從小，我就是祖父母帶大的。在我還懵懵懂懂時，是祖父牽著我的手，指認這個嶄亮未知世界的一切；在我舉步不穩、跌跌撞撞時，是祖母扶著我，慈愛的握住將要絆跌的我的手。曾經，我以為，這樣悠緩平淡卻充滿愛的生活會持續很久、很久，可是，就在那一天，大人們的決定，粉碎了我的夢……。

我七歲了，該是準備上小學的年紀，據父母說，同齡的城市小孩早早就進入了各式各樣的才藝班、補習班，不但學會了ㄅㄆㄇ，連ABC都學了一大串，準備贏在人生起跑點，可是，生活在鄉下的我，仍然竟日和玩伴們捉魚、釣螃蟹，在泥地裡鬼混整天，連大字都不識一個。「這樣下去不是辦法！」某次父親回鄉下，我聽到他憂心忡忡地對祖父說……。

接下來有一段時間，父母回鄉下的次數變頻繁了，他們不再像以往回來時總是強迫我跟在他們身邊，對我問長問短，而是叫我到外面去玩，自己卻和爺爺奶奶關在客廳裡密談；爺爺奶奶也變得好奇怪，常常望著我發呆，三天兩頭就特別煮我喜歡吃的菜要我多吃一點，有時還摸著我的頭，又是嘆氣又是喃喃自語：「唉唷！真嘸甘啊！不過也是無法度……。」

隱隱約約，我感覺到不安，總覺得有什麼不得了的大改變即將要到來。

長久的忐忑，無法改變席捲而來的無情現實，令我害怕的那一天仍舊到來。那一天，爺爺奶奶放開了總是牽著我不放的手，我伸手想拉住他們，卻被爸媽緊緊捉住，力道強大得讓我發疼。爸媽又騙又哄，要我揮手跟爺爺奶奶說再見，拚命嚎啕大哭的我，在瞥見爺爺奶奶閃爍著淚光的眼角時，卻突然噤聲了！

在我的記憶中，爺爺奶奶的雙眼在對著我時，總是微笑著的，即使我再不懂事，闖了再大的禍，嚴厲訓斥我的爺爺奶奶，眼中仍然是帶著微笑的疼寵，帶著呵護與憐惜。可是，這一次，呵護憐惜仍在，笑容卻被悲傷取代，在那一刻，我模糊的理解到離別的椎心之痛，雖然那時我還沒讀過「黯然銷魂者，唯別而已矣」這類深深觸動靈魂共鳴的句子，但，我的確真真切切的感受到：爺爺奶奶的傷心與他們驀然顯露的蒼老。

我希望爺爺奶奶快樂，希望就算我不在他們身邊，想起我時，他們仍然保有那兩雙曾經在我面前只顯露微笑的雙眼。

深吸一口氣，我走上前，嚥下哽咽，拉住那兩雙從小呵護我至今的手，牽起唇角，對祖父母露出（　　）笑：「爺爺、奶奶，再見！不要擔心，我會回來看你們，你們要開心、要笑唷！」

那是在我生命中，第一次，懂得偽裝堅強，懂得笑著離別，為了所愛的人。

那一年，我七歲。

在〈離別時刻〉一文鋪敘的情境中，可以清楚看出這是孫兒為了不讓祖父母擔心為難，勉強裝出的一抹笑，笑容越是燦爛，為祖父母著想的愛就越是深沉。

當寫作者營造出情境後，利用心智圖，揣摩詞語就變得容易許多。下圖聯想的各個詞語，都可以套用在這個情境中，至於最終選擇使用哪個詞語，就看寫作者當下的語感及情緒而定。

利用水平聯想增加修飾語彙，其實非常簡易便捷，只要在寫作時多用點巧思，挑選幾個必須強化的詞語進行修飾，就可讓文字更有畫面感。

貳 拿捏舉例分寸

「一個立體的故事，大勝一小時的苦口婆心。」[2]

舉例，就是在長篇大論的道理中，放入一個「故事」來證明自己的說法並非空穴來風，在寫作上是很常被運用的技巧。它可以使敘述者避免平鋪直敘、長篇大論地說理，還能讓敘述者的論點在事例中得到佐證，所以，善用舉例技巧，會使文章既豐富有趣又充滿說服力。

但，並不是每個例子都能夠吸引人，就像食物，雖然都可以吃，但有的會讓人回味再三，有的卻令人難以下嚥，因此，舉例技巧的好壞是相當重要的。培養舉例技巧，可以以下幾個方向來進行討論。

一、自身論點為主，舉證事例為輔

❷〈沉默的人常被忽略，勇敢開口說，贏得更多〉，《優渥誌》No.69，頁8

在第五章中我們曾經提過：寫作時要用事例來支援道理，既然是「支援」，那麼事例就只是輔助，絕對不可喧賓奪主。在教學現場中，常見的寫作問題之一，就是寫作者花了很長的篇幅，鉅細靡遺地敘說一個故事（例子），最後以一兩句話點出寫作者想要表達的論點，然後文章便在此戛然而止。

這類型的文章，敘述通常不會太差，故事也很生動，如果以寓言故事來看，是篇好讀、易吸收的作品，但若以獨創性及思考深度來看，由於多數人舉的都是現成事例，敘述中又缺乏自身看法，除了敘述流暢外，創造性、說理性及思考性都偏薄弱，無法得到太高的評價。

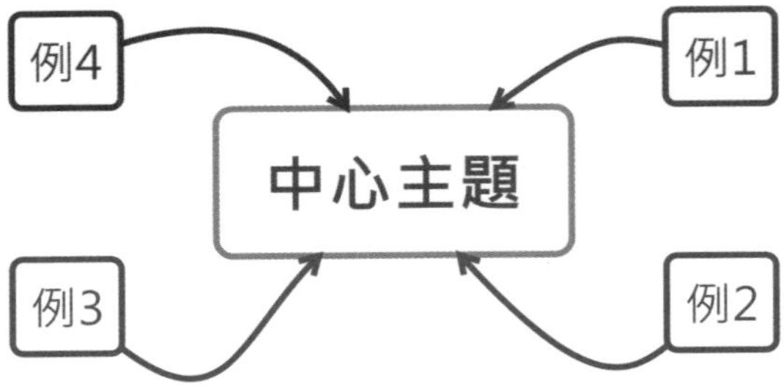

所以在舉例上，應該要謹記：例子只是用來佐證自己的論點，寫作主軸仍應擺在自身看法的闡述上。無論舉多少個例子，是詳述事例，還是簡要帶過，都要以堅實的自我主張為後盾，才能展現作者想法，強化文章的說服力。

以心智圖的思考模式來看，在文章中舉例的思考方式應如上圖，四個例子箭頭都指向中心主題，代表著無論舉幾個例子，它們都只是為中心主題服務，文章最終仍必須回歸到主題的論述上。

接著舉一短例和長例，說明如何「以例子輔助說明自我主張」：

範例一

以大家耳熟能詳的「窮和尚與富和尚至南海取經的故事」為例，窮和尚之所以成功，富和尚之所以失敗，其關鍵並不在於外在條件的優劣，而在於是否下定決心，跨出實踐的那一步。

此段文字雖然沒有直接敘明故事內容，但即使是沒讀過的人，透過文字訊息，也能猜到取經成功的是窮和尚，而且在這段敘述當中，讀者不但能揣摩到故事結局，還能知道寫作者要表達的重點——實踐的重要。

短短幾十個字，既舉了事例，又表述了自身看法，且事例顯然只是為了輔助說明自我主張，這樣的寫作方式就能避免例子喧賓奪主的問題。

範例二——魅力（板橋高中／姜伃庭）

曾經，我在書上看過一句話，「每個成功的人，必定擁有比普通人突出的魅力。」魅力，是一個人之所以能夠吸引他人的特別之處。當你聽到有人說「這個人很有魅力」

的時候，腦中第一個聯想到的個人特質會是什麼呢？多才多藝？善於交際？還是有領導能力？這些都是魅力中常見的幾種例子。

人與人之間的互動，和魅力也有很大的關係。魅力就像個磁場一樣，能夠把欣賞這種魅力的人像磁鐵一樣吸引過來，越強的磁場，吸附的磁力越大；同樣地，魅力越強，被吸引的人就越多。除此之外，魅力也不是只有固定幾種而已，畢竟每個人都有獨一無二的個性，當然也就有其獨特的個人魅力。舉例來說，歌手擁有歌唱才華，模特兒有外貌的優勢，企業主管需要領導和管理的才能，宗教領袖有能夠說服與安定人心的影響力，慈善家或志工擁有無私付出的愛心和同理心，其他還有幽默、自信、善解人意、手腳伶俐、思考靈活等，魅力的種類是五花八門的，充滿各式各樣的可能性和特色。

最近，我在網路上讀到關於塔莎．杜朵女士的故事，她是幾年前過世的一名美國插畫家兼兒童文學作家。她從十五歲開始，就獨自一人在一座偏僻的小村中過著恬靜的田園生活，當人們嚮往著都市的繁華時，塔莎女士卻捨不得離開樸實的鄉村，就這樣過著每天農耕、畜養動物、種花、作畫、縫紉的平靜生活，直到高齡九十歲，仍然維持著這樣日復一日的作息。塔莎女士追求的是與自然和諧相處、活在當下，並且對一切懷抱熱情的樂活之道，她曾說過：「我們要用知足的心來過生活，畢竟僅僅只是活著，就是一件值得感謝的事了，不是嗎？不要把生活和工作當成苦差事，活著，就是好的，好好活著，就是美。現在就是最好的時光。」這樣的堅持使她培養出一種不同於常人的氣質和思考方式，從她的身上，我感受到超脫世俗的睿智，一種心平氣和、悠然又自在的氣質。我認為這就是塔莎女士的魅力所在，這種優雅而脫俗的魅力，令我十分嚮往，也是最吸引我的魅力之一。

偶爾，會聽到有些人覺得自己沒有魅力，但其實他們並不是毫無特長，只是尚未找到自己的魅力點而已。這個世界上，每個人都擁有屬於自己的魅力，懂得發掘自己的魅力，欣賞別人的魅力，你會發現，正是這些不一樣的魅力，使這個世界更加多元、更加豐富、更加特別，也更加富有魅力。

此篇文章在第三段舉塔莎・杜朵女士的故事，說明「魅力的種類是五花八門的，充滿各式各樣的可能性和特色」的道理，雖然整段都是在敘述塔莎・杜朵女士的故事，但由於作者在闡述中相當清楚且完整的陳述自我主張，所舉例子也的確能夠符合並印證自己的論點，讀起來並不會有思想貧乏的感覺。

透過這兩個例子，讀者應該可以明白，事例的敘述是簡要或詳盡並不是重點，重點是能否藉著文章展現自我思想的深度與內涵，引起讀者的興趣與共鳴，而思維能力的培養，可以利用我們在第五章所提到的各種方法來鍛鍊及提升。

二、選擇有加分效果的例子

正如前面所提到的，並不是所有例子都能夠達到畫龍點睛的效果，因此，正確的選擇事例就變得相當重要。而究竟怎麼樣的例子，可以讓文章有加分效果呢？答案是：新穎又不過於俗濫，能夠切合文章當時情境、引起讀者共鳴的例子。

只要能夠避免陳腔濫調的事例，並且養成更新腦中「事例資料庫」的習慣，就能達到這樣的效果。

(1) 避免陳腔濫調的事例

舉例要避免不適切或使用過於浮濫的例子，因為這種類型的例子，不但會暴露自己的淺薄，還可能引起讀者的反感，導致反效果。

像「國父革命十一次才成功」這類型的例子，雖然的的確確告訴我們毅力和堅持的重要，但這個例子實在太過於廣為人知，新鮮感和說服力也就隨之降低，甚至可能引起「該不會你只有這種程度吧？」的質疑。

另外，也要避免太過流行的例子。舉例來說，前幾年常在媒體上看見吳寶春及陳樹菊的報導，那一陣子，只要作文題目和社會服務有關，十有五六的學生會舉陳樹菊當例子；而只要和堅持、毅力、成功相關的主題，吳寶春就成為「點閱率」最高的名人。短期而密集地與這些例子「相見歡」的感受，就好像連續一個月吃同一道菜，最後只要看到那道菜（那些例子），就很想怒吼：別又來了行不行！

本來是很棒的例子，卻因為書寫者的使用過於浮濫，導致讀者和例子「相看兩厭」的悲劇，這絕對不是寫作者及讀者樂見的，所以慎擇事例相當重要。

(2) 蒐集事例的小撇步

豐富而獨特的事例，必須靠不斷的積累和更新，除了傳統閱讀書報的方式外，現在還有一個偷懶的小撇步，就是沒事到超商、書店、圖書館的雜誌區去逛逛。

逛雜誌區時並不是漫無目的的閒晃，而是要將注意力擺在是否有類似成功人物專訪主題或自己感興趣事件的雜誌，如果有就拿起來翻一翻，看完後用心智圖將這些人物類型做整理歸類。

為什麼建議逛雜誌區呢？因為雜誌是除了報紙之外，時效性堪稱最強的平面媒體資源，閱讀雜誌的人物專訪及時事，可以輕易掌握近期內受矚目的成功人物及熱門消息，讓你所使用的例子「走在時尚的尖端」（但要避免使用人盡皆知的例子）；還有，多數雜誌為了符合大眾閱讀口味，文字通常深入淺出，篇幅也不至於太長，既不會造成閱讀的負擔，又可以很快掌握重要的基本資訊。

就名人專訪而言，或許是時勢所趨，以不同主題蒐集各類型成功人物範例的雜誌專刊越來越多，所以這類資料的取得並不困難，而利用雜誌蒐集的情報，讀者也可以減少很多彙整資料的時間。此外，成功人物背後常會有動人的理念和故事，閱讀這種文章，也會得到思考層次的提升或激勵心靈力量的效果，這是蒐集事例過程中一個很重要的附加效益唷！

事例的蒐集閱讀，一次不用太多，一天讀一到兩篇即可，這樣既不會造成心理負擔，又能夠增加心靈的調劑。筆者曾經為高三即將面臨大考的學生蒐集這類型資料，然後讓全班學生輪流閱讀，一天讀一篇，後來有時忘了發，學生還會主動來詢問，甚至有些孩子讀完自己的覺得不夠，還會借同學的來「搶先看」，所以不用擔心閱讀這些資料會覺得枯燥乏味。

不過要提醒的是，最好能夠每隔一段時間，就將讀過的資料用心智圖進行分類，並且定時更新，在寫作前將心智圖拿出來稍作複習，這樣才不會看過即忘，或者使用資料太過老舊。

參

活用各種修辭

從國小到高中，學習各式修辭都是國文課堂上不可或缺的內容，但是在應付考試之外，鮮少有人去反省：學修辭的最終目的究竟是什麼？

這種情況，常導致學習者將注意力擺在修辭的定義及判斷，卻很少思考自己應該如何使用這些修辭，於是在教學現場常會看到：學生雖然能夠精準分析並正確作答修辭相關題型，但卻不懂得在寫作時運用修辭來妝點文章。

其實，除了分析鑑賞外，將修辭活用在寫作上，也是學習修辭的重要目標之一，所以，認識修辭，了解不同修辭在寫作上的效用，也是很重要的。

一、認識常用的修辭

修辭有很多種，在每種修辭之下，往往又可以細分成好幾種類型。為了避免模糊焦點，這個部分僅就寫作常用的修辭，精選例句簡單介紹，其餘部分則略而不談。

(1) 譬喻

譬喻是我們在對話中相當常見的修辭法。

當我們向他人解釋一件事情時，為了讓他人更容易進入情境或理解概念，我們通常會說：「打個比方……」、「就好像……」這種拿有共性的事物或情況來類比的概念，就是譬喻的概念。簡單來說，譬喻就是拿兩樣不同的事物相互比擬，使被比擬的事物更具體、更易於理解，使用得當的話，還能增加文字美感。

譬喻基本結構為「喻體＋喻辭＋喻依」，例如：「天邊的晚霞，像染血的畫布般有股妖異的腥紅」，「天邊的晚霞」是喻體，「像」是喻辭，「染血的畫布」是喻依，「有股妖異的腥紅」則是補充說明；「她如一尊精雕的瓷娃娃，美麗而固執地端坐著」，「她」是喻體，「如」是喻辭，「精雕的瓷娃娃」是喻依，「美麗而固執地端坐著」是補充說明。

在使用上，我們常把「像」和「如」用「似」、「恰似」、「是」等字替換。

❶似、恰似——只為那浪花的手／恰似你的溫柔（梁弘志詞／蔡琴唱〈恰似你的溫柔〉）

❷是——我是天空裡的一片雲／偶爾投影在你的波心（徐志摩〈偶然〉）

喻辭的替換並不影響文意，寫作者可以隨個人喜好變化使用。

(2) 排比

在敘述中，將相同或相似的句子排列在一起，這種修辭法稱之為排比。

有人認為，兩句或兩句以上相同或相似的句子排列在一起就可稱為排比；但也有人認為要有三句或三句以上句子，兩種說法迄今並無定論。但筆者以為，若希望句子在形式齊整之美外，還能帶出節奏美或氣勢，則以三句或三句以上的句子較佳。

> 什麼是文學中的現實？我要說的**不是一列火車從窗前經過，不是某一個人在河邊散步，不是秋天來了樹葉就掉了**，當然這樣的情景時常出現在文學的敘述裡，問題是我們是否記住了這些情景？（余華〈文學中的現實〉[3]）

三個以「不是」開頭的相似句子，讓文章呈現一種循環的韻律感，而連舉三個不同卻都「不是」的相異景象，則增強了作者主張「描寫現實場景不等於文學中的現實」的氣勢。

(3) 類疊

同樣的字、詞、句一再反覆出現，稱之為類疊。在使用上，類疊常與排比一同出

❸ 余華《錄像帶電影》，麥田，二〇一三年一月，頁157

現，前面排比所舉例子中的三個「不是」，就是很典型的類疊。而類疊與排比的效果亦相當近似，好的類疊可以形成節奏和韻律，也能有強調的效果。

輕輕的我走了／正如我輕輕的來／我輕輕的招手／作別西天的雲彩（徐志摩〈再別康橋〉）

連用三個「輕輕的」，既讓詩有了音樂的節奏美，又強調了敘述者的小心翼翼、舉止輕柔，情深款款，扣人心弦。

類疊的使用時機，在於想要對某個詞語或句子特別強調時，否則應該避免同樣的詞彙在文章中一再出現，因為在不必要時一再重複同樣語彙，容易讓讀者覺得寫作者詞彙貧乏。

(4) 設問

設問，就是使用問句、提出問題。

運用設問，除了可以讓平鋪直敘的語氣產生變化外，不同的設問方式，還可以得到或引起讀者的思考及好奇，或使自己的主張得到強化的效果。

設問可以分成三種：提問、疑問和激問。

❶提問——有問有答。亦即寫作者在提出問題後自行解答。

文學究竟能證明什麼？恐怕不能。從事選擇文學與文化相關的工作，最大的回收其實就是工作的本身。（郭強生〈文學的無用之用〉[4]）

寫作者先提出問題：「文學究竟能證明什麼？」接著自行回答：「恐怕不能。」這就是典型「有問有答」的提問。

❷疑問——有問無答。亦即寫作者並未在文章中提出解答，留待讀者自行思考。

立在人蛇雜處的口岸城市，我出來是為了要找我的奶奶徐留雲，還是來找我自己？（瞿筱葳《留味行》[5]）

在追尋前人腳步的過程中，作者開始懷疑：究竟這趟旅程，為的是尋找前人，抑或尋找真實的自己？沒有答案的自問，讓讀者與作者一同陷入沉思。

❸激問——答案在問題的反面。雖然寫作者用的是問句，但他其實已經有了答案，而且通常和問題語氣相反。一般來說，激問語氣較為強烈，作者的主張會在反詰中得到強化。

不是英雄／不讀三國／若是英雄怎麼能不懂寂寞（林秋離詞／林俊傑唱〈曹操〉）

「若是英雄怎麼能不懂寂寞」表面上是問句，但事實上是要表達「是英雄就會懂寂

---

❹ 郭強生《書生》，爾雅，二〇〇三年二月，頁27

❺ 瞿筱葳《留味行》，大雁，二〇一一年十一月，頁51

寞」，用反問的方式，強調自己的主張。

(5) 摹寫

摹寫，就是將自己的五感——視、聽、嗅、味、觸，或心中的感受描摹出來。而依所寫感受的不同，可分為視覺、聽覺、嗅覺、味覺、觸覺、心覺六種。

運用摹寫，可以讓感受更具體鮮明，使讀者印象更深刻。

類型	舉例
視覺	夜裡從淡水乘捷運回臺北，列車飛馳，窗景倏忽，遠處觀音山起伏的稜線已被黝黑的夜色抹去，河岸對面的點點燈火倒映在靜謐的流水裡，成為一方寂寞的風景。（徐國能〈微光倒影〉[6]）
聽覺	我清楚聽見小路兩旁的花葉落下，啪搭啪搭，偶爾幾聲鷓鴣的低呼。（柯裕棻〈後山草木深〉[7]）
嗅覺	你鏟起她，讓她的頭枕著你的臂彎，柔軟的身體散發著兒童身上特有的甜香，僵持的小冬瓜一旦不抗拒，其實會舒放藤葉還開幾朵夢中花。（簡媜〈小同窗〉[8]）

味覺	那雞頭皮韌而酥脆，入味極深，純辣之餘又有一股甜意竄入，這時女人復送上一盅貴州茅台，配之一飲，只覺得香透臟腑，舌蕾俱裂。（徐國能〈食髓〉[9]）
觸覺	水開了，金香拎著一壺水挾著狗上樓去，不料她自己身上忽然癢起來了，腳背上，褲腰上，她慌了手腳，知道是狗身上的跳蚤，放下了狗，連忙去換衣裳。（張愛玲〈鬱金香〉[10]）
心覺	起床時已近中午，心緒散漫懶怠，既倦又悶，遂窩在沙發裡面發呆。（凌性傑〈悶——讀〈始得西山宴遊記〉[11]）

(6) 轉化

在敘述時，轉變敘述對象的性質，常見的有將人擬物、將物擬人、將抽象變具體的

❻ 徐國能《煮字為藥》，九歌，二〇〇五年五月，頁114
❼ 柯裕棻《洪荒三疊》，印刻，二〇一三年四月，頁177
❽ 鍾怡雯、陳大為主編《天下散文選II，1970~2010台灣》，天下遠見，頁218
❾ 徐國能《第九味》，聯經，二〇〇三年十月，頁78
❿ 張愛玲《色・戒》，皇冠，二〇一一年十月，頁9
⓫ 凌性傑、吳岱穎《找一個解釋》，馥林，二〇〇八年九月，頁114

方式。透過轉化，無論是具體的人事物，或者是抽象的概念情感，可以突破原有的框架侷限，具備其他事物的性質，這是個非常可愛、讓人事物具備「超能力」的修辭。

❶擬人化——用人的情感、動作等來描寫非人類。

我站在印刷廠隆隆作響的機台前，看著一頁一頁空白的紙張從機器裡快樂地吐出來。（黃宜君〈答題者〉[12]）

「紙張從機器裡快樂地吐出來」，用「快樂地」和「吐」來描寫本來應該沒有情緒的機器，讓敘述變得輕快，這就是很典型的擬人。

❷擬物化——用非人類的形象、動作、行為等來刻畫或形容人。

你不妨搖曳著一頭的蓬草，不妨縱容你滿腮的苔蘚。（徐志摩〈翡冷翠山居閒話〉）

「蓬草」和「苔蘚」都是植物，用植物來描寫人的外表，讓形象更生動有趣，這就是擬物。

❸形象化——把抽象的事物具體化，稱之為形象化。

神奇的火車，承載的是遠方歡樂時光的許諾。（李黎《昨日之河》[13]）

諾言是無法載送的，但這裡卻用「火車承載」讓諾言彷彿變成具體可觸的事物，這就是形象化。值得一提的是，這個句子不但使用了形象化，「時光的許諾」同時也是擬人，因為「時光」是沒有生命、無法給予承諾的，短短的兩句話，藏著兩層轉化，是很精到的用法。

(7) 誇飾

簡單來說，誇飾就是誇張、誇大，好的誇飾可以刺激閱聽者的想像。充滿浪漫色彩的李白，就是使用誇飾的箇中高手。「白髮三千丈，離愁似箇長」、「君不見高堂明鏡生白髮，朝如青絲暮成雪」、「烹羊宰牛且為樂，會須一飲三百杯」等句，都是非常精采的誇飾手法。

(8) 引用

在寫作中，為了增加說服力，我們會引用他人言語或典故來強化論點、深化文章，這種手法就稱為引用。

《紅樓夢》中林黛玉〈問菊〉詩，「欲訊秋情眾莫知，喃喃負手扣東籬」中的「東籬」，用的是陶淵明「採菊東籬下」的典故；《三國演義》開卷詞〈臨江仙〉，「滾滾長

---

⑫ 黃宜君《流離》，高談，二〇〇五年一月，頁71

⑬ 李黎《昨日之河》，印刻，二〇一一年八月，頁128

江東逝水，浪花淘盡英雄」，引的則是楊慎的作品；《西遊記》九十三回天竺國公主說：「常言：『嫁雞逐雞，嫁犬逐犬』。」用的則是俚語俗諺。無論是俚語俗諺、前人作品或典故，只要使用合宜，都可以為作品帶來加分的效果。

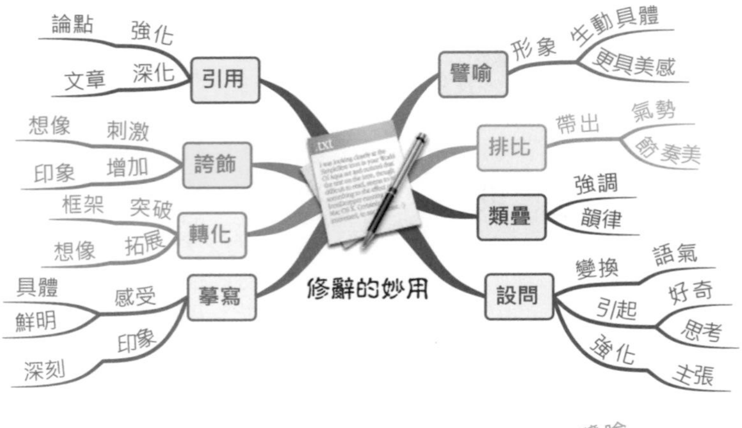

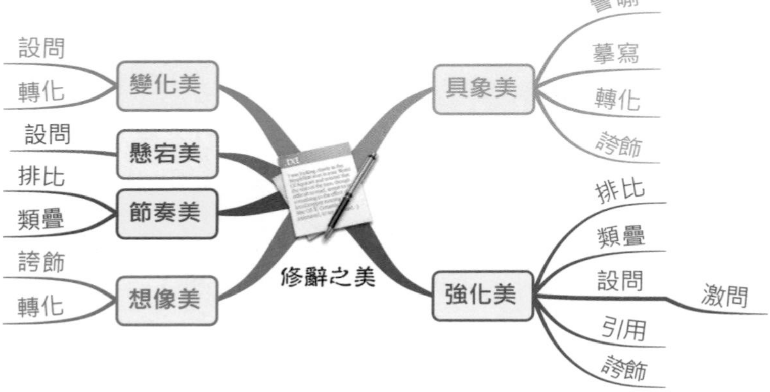

把上述八種在寫作中常用修辭依作用做統整，我們可以畫出「修辭的妙用」這張心智圖。

而如果以修辭所能營造的美感來歸類，或許可以得出上面那張「修辭之美」。

在寫作時，我們可以依據自己想要營造的氛圍及情境，挑選適合的修辭做運用，這樣就能讓文字更具美感及變化。

二、心智圖在修辭聯想上的運用

在前一單元，我們已經對常用修辭的概念及其適合運用的情境做了介紹，進行到這個單元，我們要探討的是：如何用心智圖來幫助寫作者想出合宜的詞句，使得修辭的運用更為流暢順利。

在開始探討之前，必須要先說明的是，並不是每種常用修辭都可以（或需要）靠心智圖來輔助思考，以筆者目前所嘗試的結果，心智圖可以用在蒐集引用修辭的佳句和事例上，也能用在協助譬喻、排比、摹寫的聯想中。至於較簡單的類疊，詞性或物性變化的轉化，以及運用誇張想像的誇飾，在此部分並未納入舉例及討論，這一點希望讀者能先明白。

接下來，我們就正式進入討論。

(1) **分類事例與佳句**（有助於引用資料的蒐集）

在探討舉例的技巧時，我們曾提過要養成蒐集事例並分類的習慣，事實上，除了蒐集事例之外，對待自己在閱讀過程中所讀到的好句子，我們也應該如法炮製。

坊間有許多名言佳句的集錦，就是替需要的人將佳句做好選取及分類的動作，有些人為了速成，會直接背誦這些現成的句子，這當然也是一種方法，但筆者還是建議，在時間允許的情況下，試著每天挪出一小段時間閱讀，並且將好的句子記錄下來。

因為要有好的引用，首先腦中要有好的佳句，而相較於靠著直接背誦別人整理好的現成句子，自己整理蒐集的句子會更有親切感和生命力，寫作時也比較容易想起閱讀時的情境，下筆會更有感情。

舉例來說，筆者特別喜歡《紅樓夢》中林黛玉《問菊》一詩「孤標傲世偕誰隱，一樣花開為底遲」這兩句，因為它不僅帶出菊的孤高，也令人聯想到黛玉清冷不群的孤傲性格，每當筆者在引用這兩句話時，便彷彿看到一個一身傲骨的纖弱女子，在秋涼蕭索的節候，俯身對著亦是一身清雅孤潔的菊花低語。問花，同時也是問自己。

這種心情和感動，只靠著單單背誦沒有前因後果的佳句，那是斷然無法出現的。閱讀並記誦當中的佳句，不但能夠增加自己的「佳句庫」，在複誦佳句的同時，我們也與此篇作品重新產生對話和連結。但，若只是漫無目的的記錄書寫，也很容易遺忘，所以還是建議，每隔一段時間，把自己喜歡的句子和例子，一邊複習，一邊運用心智圖的分類略作整理，這樣的做法，對寫作上的引用將會大有裨益。

(2) 善用水平聯想及掛鉤輔助（適用於譬喻、排比、引用、摹寫的聯想）

由於心智圖的繪製方式與腦神經形狀相似，所以在思考時繪製心智圖，有助於聯想及觸發。

寫作時如果想要運用修辭，但卻想不出好的句子時，水平聯想是個很好的方式。簡單舉個例子，假設今天想要利用譬喻說明自己心情的晦暗，就可以將「心情晦暗」寫在中心主題的位置（如下圖），隨意進行水平聯想。

而藉著心智圖的聯想，可以得到好幾個譬喻句：

❶暮靄沉沉的天空，就如同我晦暗的心情，感覺不到一絲清明

❷晦暗的心情，好似沾了油漬髒污的抹布，擰不乾，洗不淨，糾結油膩

❸心情恰似長年乏人照料的破落老屋，黯淡中還蒙著一層厚厚的灰

❹心中像壓著一塊沉凝的鉛，怎樣也開朗輕鬆不起來

如果水平聯想還是想不出好句子，這時就可以運用第三章提過的掛鉤做為思考輔助。例如：寫作者想引用從事社會公益者的例子來說明服務的價值，或許就可以使用

「古、今、中、外」的掛鉤進行聯想（如下圖）。藉著掛鉤的勾動，比較容易觸動沉潛在心中卻一直沒想到的知識或事件。

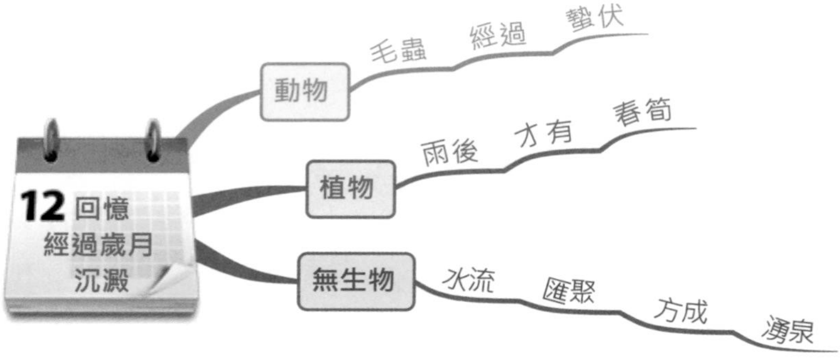

再舉一個以掛鉤來輔助排比聯想的例子。假設要敘說的主要思想是：「回憶，經過歲月沉澱，會更甘甜醇美」，寫作者用「動物、植物、無生物」的掛鉤來幫助排比聯想，所得到的結果可能如上圖。

聯想完後，就可以挑比較喜歡的句子，重新排列組合，進行造句：

❶毛蟲，經過蟄伏，才能破蛹成蝶；春竹，經過雨水洗滌，才見柔嫩筍尖；回憶，經過歲月沉澱，方能越顯甘美

❷毛蟲，要經過長久蟄伏，方能破蛹成蝶；細水，要經匯聚湧流，方能沛然成泉；回憶，需經歲月沉澱，才會更顯甘醇甜美

譬喻也可以使用掛鉤做為輔助。例如用「人、事、時、地、物」的掛鉤，可以得到關於「風」的譬喻聯想：

❶風，像浪子，無定向的遊走

❷風，像過往的記憶，時不時地來攪擾她一下

❸風，像塵封的墓，陰陰涼涼，讓人不禁一陣哆嗦

❹風，像燒到盡頭的燭芯，猛然一陣顫動，瞬即歸於平靜

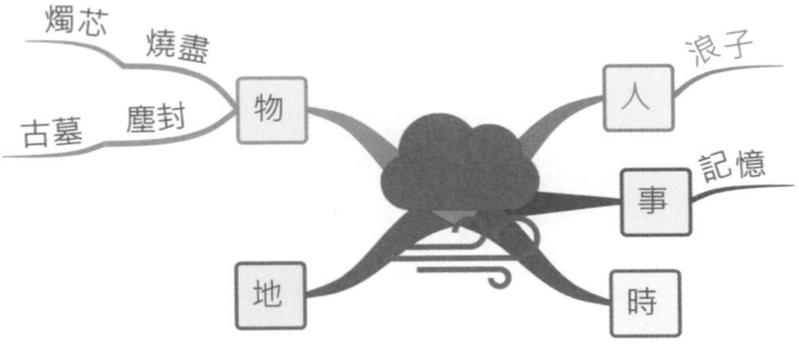

至於摹寫，視、聽、嗅、味、觸、心的類型區分，本身就是很好的掛鉤，可以用在想要仔細刻畫的題材上。而除了用摹寫的類型，提醒自己可以從不同角度對同一件事進行摹寫外，也可以用掛鉤對某一人、事、物或場景，進行摹寫聯想。

假設描寫的場景為廚房，在利用廚房裡常見的事物做完聯想（右下圖）後，就可以進行摹寫刻畫：

廚房

在昏黃燈光的映射下，他步履沉重地走進廚房，看見流理台上還擺著砧板，砧板上切了一半的菜還有鮮嫩的水氣；水槽裡，枯黃的菜葉和蒂頭正可憐兮兮地望著他，彷彿失寵的嬪妃，擔心被棄置的命運。瓦斯爐上的燉鍋中，還隱隱透出半涼半溫的咖哩香氣。此情此景，如此熟悉而家常，彷彿母親只是匆匆出去應個門鈴，彷彿耳邊隨時都還會響起母親「你回來啦！怎麼沒有先打個電話說一聲」的叨念聲音……。

在靈感缺乏的情況下，有意識地設置各式各樣的掛鉤，的確能幫助混亂的大腦進行探索和聯結，所以，利用掛鉤，不但是找尋題材的好方式，對於不習慣在文章中使用修辭的人們而言，更是很好的練習方式。

在本章一開始就已提到：結構是骨，立意取材是神，辭采則如女子臉上的胭脂，善用這個章節裡面所分享的技巧，就如同女子學會如何調弄胭脂，能讓原本姣好的面貌更添姿色。而若能將本章與前面幾章的技巧合併使用，形神兼備之下，要寫出好文章相信不是難事。

〈閱讀之後〉

心智圖法已逐漸普及到各級學校的教學場域，教育部九年一貫語文學習領域國語文輔導群在台師大王開府教授等人的推動之下，出版了《國語文心智圖教學指引》；南一書局亦在本公司專業講師團隊的協助之下，將國中的六冊國文編輯出版了《心智圖閱讀寫作教學》套書，提供給學校老師一種全新的教學方法。

為了回饋更多有心學習心智圖法的讀者，我所創立的「孫易新心智圖法®」培訓機構，非常樂意安排專業講師前往各機關、學校、社團等單位演講、授課，以及培訓有心從事心智圖法教學的專業講師。洽詢專線：0800-322-999，電子郵件信箱service@MindMapping.com.tw或上網查詢（www.MindMapping.com.tw）相關聯絡資訊，我們將樂意提供專業且貼心的服務。

孫易新 Mickey Sun 謹識

二〇一五年仲夏於國立台灣師範大學教育大樓

※本書內所有心智圖都可至「孫易新心智圖法」官網（www.MindMapping.com.tw）瀏覽與下載

國家圖書館出版品預行編目資料

心智圖寫作秘典 / 梁容菁, 孫易新作. -- 初版
-- 臺北市 : 商周出版 : 家庭傳媒城邦分公司發行, 2015. 10
面 ; 公分. -- (全腦學習 ; 24)
ISBN 978-986-272-913-7 (平裝)

1.漢語教學 2.作文 3.中等教育

524.313 104021028

全腦學習 24

心智圖寫作秘典

作　　者／梁容菁、孫易新
企畫選書／黃靖卉
責任編輯／林淑華

版　　權／翁靜如、林心紅、吳亭儀
行銷業務／張媖茜、黃崇華
總 編 輯／黃靖卉
總 經 理／彭之琬
發 行 人／何飛鵬
法律顧問／元禾法律事務所王子文律師
出　　版／商周出版
台北市104民生東路二段141號9樓
電話：(02) 25007008　傳真：(02)25007759
E-mail：bwp.service@cite.com.tw
發　　行／英屬蓋曼群島商家庭傳媒股份有限公司城邦分公司
台北市中山區民生東路二段141號2樓
書虫客服服務專線：02-25007718；25007719
服務時間：週一至週五上午09:30-12:00；下午13:30-17:00
24小時傳真專線：02-25001990；25001991
劃撥帳號：19863813；戶名：書虫股份有限公司
讀者服務信箱：service@readingclub.com.tw
城邦讀書花園 www.cite.com.tw
香港發行所／城邦（香港）出版集團
香港灣仔駱克道193號東超商業中心1樓_ E-mail : hkcite@biznetvigator.com
電話：(852) 25086231　傳真：(852) 25789337
馬新發行所／城邦（馬新）出版集團【Cite (M) Sdn Bhd】
41, Jalan Radin Anum, Bandar Baru Sri Petaling, 57000 Kuala Lumpur, Malaysia.
電話：(603) 90578822　傳真：(603) 90576622

封面設計／江孟達工作室
版面設計／林曉涵
內頁排版／林曉涵
印　　刷／中原造像股份有限公司
經 銷 商／聯合發行股份有限公司
新北市231新店區寶橋路235巷6弄6號2樓
電話：(02) 2917-8022　傳真：(02)2911-0053

■2015年10月27日初版
■2018年 7 月19日初版5刷
Printed in Taiwan
定價 350 元

城邦讀書花園
www.cite.com.tw

版權所有，翻印必究 ISBN 978-986-272-913-7

廣　告　回　函
北區郵政管理登記證
北臺字第000791號
郵資已付，免貼郵票

104　台北市民生東路二段141號2樓

英屬蓋曼群島商家庭傳媒股份有限公司城邦分公司　收

請沿虛線對摺，謝謝！

書號：**BU1024**	書名：**心智圖寫作秘典**	編碼：

請於此處用膠水黏貼

商周出版

讀者回函卡

感謝您購買我們出版的書籍！請費心填寫此回函卡，我們將不定期寄上城邦集團最新的出版訊息。

不定期好禮相贈！
立即加入：商周出版 Facebook 粉絲團

姓名：＿＿＿＿＿＿＿＿＿＿＿＿＿＿ 性別：□男 □女

生日：西元＿＿＿＿＿＿年＿＿＿＿＿＿月＿＿＿＿＿＿日

地址：＿＿＿＿＿＿＿＿＿＿＿＿＿＿＿＿＿＿＿＿

聯絡電話：＿＿＿＿＿＿＿＿＿＿ 傳真：＿＿＿＿＿＿＿＿＿＿

E-mail ：

學歷：□ 1. 小學 □ 2. 國中 □ 3. 高中 □ 4. 大學 □ 5. 研究所以上

職業：□ 1. 學生 □ 2. 軍公教 □ 3. 服務 □ 4. 金融 □ 5. 製造 □ 6. 資訊
□ 7. 傳播 □ 8. 自由業 □ 9. 農漁牧 □ 10. 家管 □ 11. 退休
□ 12. 其他＿＿＿＿＿＿＿＿＿＿＿＿＿＿＿＿

您從何種方式得知本書消息？

□ 1. 書店 □ 2. 網路 □ 3. 報紙 □ 4. 雜誌 □ 5. 廣播 □ 6. 電視
□ 7. 親友推薦 □ 8. 其他＿＿＿＿＿＿＿＿＿＿＿＿＿＿

您通常以何種方式購書？

□ 1. 書店 □ 2. 網路 □ 3. 傳真訂購 □ 4. 郵局劃撥 □ 5. 其他＿＿＿＿

您喜歡閱讀那些類別的書籍？

□ 1. 財經商業 □ 2. 自然科學 □ 3. 歷史 □ 4. 法律 □ 5. 文學
□ 6. 休閒旅遊 □ 7. 小說 □ 8. 人物傳記 □ 9. 生活、勵志 □ 10. 其他

對我們的建議：＿＿＿＿＿＿＿＿＿＿＿＿＿＿＿＿＿＿＿＿
＿＿＿＿＿＿＿＿＿＿＿＿＿＿＿＿＿＿＿＿
＿＿＿＿＿＿＿＿＿＿＿＿＿＿＿＿＿＿＿＿

【為提供訂購、行銷、客戶管理或其他合於營業登記項目或章程所定業務之目的，城邦出版人集團（即英屬蓋曼群島商家庭傳媒（股）公司城邦分公司、城邦文化事業（股）公司），於本集團之營運期間及地區內，將以電郵、傳真、電話、簡訊、郵寄或其他公告方式利用您提供之資料（資料類別：C001、C002、C003、C011 等）。利用對象除本集團外，亦可能包括相關服務的協力機構。如您有依個資法第三條或其他需服務之處，得致電本公司客服中心電話 02-25007718 請求協助。相關資料如為非必要項目，不提供亦不影響您的權益。】

1.C001 辨識個人者：如消費者之姓名、地址、電話、電子郵件等資訊。
2.C002 辨識財務者：如信用卡或轉帳帳戶資訊。
3.C003 政府資料中之辨識者：如身分證字號或護照號碼（外國人）。
4.C011 個人描述：如性別、國籍、出生年月日。

請於此處用膠水黏貼